KB089118

2019년 가야학술제전 학술총서 03

한국 고대의 말갑옷

국립김해박물관

2019년 가야학술제전 학술총서 03

한국 고대의 말갑옷

2020년 7월 23일 초판 1쇄 인쇄
2020년 7월 30일 초판 1쇄 발행

지은이	김성호 김혁중 신광철 小林啓 국립김해박물관
기획	오세연(국립김해박물관장)·이정근·김혁중(국립김해박물관)
북디자인	김진운
발행	국립김해박물관
	50911 경상남도 김해시 가야의길 190 국립김해박물관
	Tel. 055-320-6837 Fax. 055-325-9334
	http://gimhae.museum.go.kr
출판	(주)사회평론아카데미
	서울특별시 마포구 월드컵북로6길 56
	02-2191-1133
ISBN	979-11-89946-69-2 94910 / 979-11-89946-66-1 94910(세트)

ⓒ 2020 Gimhae National Museum of Korea All rights reserved.
이 책의 저작권은 국립김해박물관이 소유하고 있습니다.
이 책에 담긴 모든 내용은 국립김해박물관의 허가를 받아 사용할 수 있습니다.

2019년 가야학술제전 학술총서

03

국립김해박물관

김성호 김혁중 신광철 小林啓 국립김해박물관 ─── 지음

한국 고대의 말갑옷

일러두기

1. 이 책은 2019년 가야학술제전에서 발표, 토론한 내용을 수정 보완한 것이다.

	학술제전 주제	일정
1	문자로 본 가야	2019. 6. 1.
2	삼한의 신앙과 의례	2019. 7. 12.
3	삼국시대 마주·마갑 연구 성과와 과제	2019. 8. 30.
4	가야사람 풍습연구 - 편두	2019. 9. 27.
5	가야 직물 연구	2019. 10. 25.

2. 책 제목의 일부는 학술제전 주제의 성격에 맞추어 일부 변경하였다.

3. 학술제전의 토론은 주제별로 영상을 제작 편집하였다. 아래에서 토론 영상을 시청할 수 있다. https://www.facebook.com/517440405030443/posts/3161764983931292/?sfnsn=mo

차례

5 함안 마갑총 말갑옷 제작기술 복원 연구

국립김해박물관

1

삼국시대 마갑의
구조와 계보

김성호 부산대학교박물관

I. 머리말

말이 인류에게 등을 내어주고 다리를 빌려준 이래, 인류 사회 전반에서 말이 미친 영향은 매우 컸다. 특히 전쟁에서 말의 역할은 대단하였다. 춘추전국시대에는 말에게 무거운 전차를 끌도록 하여 전쟁에 사용하였다. 이 전차는 말의 뛰어난 기동력을 살리지 못하였다. 반면 동호(東胡), 임호(林胡), 누번(樓煩) 등 북방 유목민족들은 말의 기동력을 최대한 활용하였는데 특히 스스로 말에 올라타 활을 쏘는 기사(騎射)에 매우 능하였다. 이러한 전투방식은 전차를 주로 이용한 국가들에게는 매우 위협적이었다. 이에 대응하기 위해 조(趙)나라의 무령왕(武靈王) 등은 기병부대를 조직하게 되었다. 그럼에도 기록에서 보면 기병부대는 여전히 전차부대에 비해 수적으로 열세였다(楊泓 1977, 27). 즉 여전히 군대의 주력부대는 보병과 전차병이었다.

기동력이 뛰어난 유목민족의 기병에 대응하기 위하여 중원의 한족은 대오(隊伍)를 갖추고 쇠뇌[弩]를 장비하였다. 이러한 대응방식은 이번엔 북방 유목민족들의 전투방식 변화를 유도하였다. 즉 북방 유목민족들은 기동력을 일부 포기하더라도 갑주를 착용하여야만 하였다. 김두철(2014, 317-318)은 이러한 과정 속에서 사람과 말 모두 중무장한 중장기병(重裝騎兵)이 출현한다고 보았다.

중장기병이란 사람은 물론 말에도 전마구(戰馬具), 즉 마주(馬胄)와 마갑(馬甲)을 착장시킨 기병이다. 가장 이른 시기의 마주와 마갑 실물자료는 중국 호북성(湖北省)에서 출토되었다. 증후을묘(曾侯乙墓)와 포산(包山) 2호묘, 절천하사 춘추초묘(浙川下寺春秋楚墓)에서 출토된 것으로 옻칠제 마주와 마갑이다. 이는 전차를 끄는 말[轅馬]에 사용된 것으로 중장기병이 사용한 것과는 다소 차이가 있다. 본고에서 다루고자 하는 자료는 중장기병이 사용한 철제(鐵製) 마갑이다.

철제 마갑의 실물은 중국 동북지역에서 가장 이른 시기의 것이 확인된다. 4세기 중반으로 편년되는 조양과 북표에 위치한 전연의 고분에서 출토되었으며 이후 집안지역 고구려 왕릉, 한반도 남부의 신라, 가야, 백제의 고분을 중심으로 확인된다. 발표자는 최근 이 자료들을 중심으로 삼국시대 마갑의 구조를 검토하고 지역별로 분류를 시도해보았다(김성호 2019a). 다만 각 지역별로 분류된 마갑의 계보와 상호 영향관계에 대해서는 미비한 점이 있었다. 이 점을 보완하기 위하여 이번 발표에서는 먼저 지역 간의 관계에 대하여 검토한 후 삼국시대 동북아시아 마갑의 계보와 전개 과정에 대해 살펴보고자 하였다.

본 발표문에서는 논지의 전개를 위해 필자가 기존에 분류하였던 6가지 유형의 마갑(김성호 2019a; 2019b)에 대해 간략하게 살펴본 뒤 마갑의 계보와 전개 과정에 대하여 서술하였다.

II. 마갑의 구조[1]

삼국시대 마갑은 소찰 구성, 연결 기법, 마갑의 부위별 형태, 마갑 구성을 통해 6가지 유형으로 분류된다. 지역적 분포가 뚜렷하기 때문에 지역의 명칭으로 각각을 명명할 수 있다. 중국 동북지역과 백제지역[2]에서는 전연(前燕)형 마갑과 고구려형 마갑이, 영남지역에서는 부산형 마갑, 경주형 마갑, 함안형 마갑, 옥전형 마갑이, 일본열도에서는 옥전형 마갑이 확인된다. 이를 간략하게 살펴보겠다.

....

1   본 장은 필자의 석사논문(김성호 2019a) 중 일부를 인용·수정하여 작성하였다. 본 장에 사용된 도면과 표의 일부도 석사논문에서 인용·수정하여 사용하였다.
2   본고에서의 백제지역은 청주, 공주, 화천이다. 이 지역들은 삼국시대에 백제가 위치하였던 지역이다. 이 세 지역을 통칭할 수 있는 적절한 명칭이 없어 일단 백제지역이라 하였다.

1. 중국 동북지역과 백제지역

이 지역에서는 전연형 마갑과 고구려형 마갑이 확인된다. 전연형 마갑은 중국 요령성(遼寧省) 조양시(朝陽市) 십이대향전창(十二台鄕塼廠) 88M1호묘(이하 십이대88M1호묘), 요령성 북표시(北票市) 라마동(喇嘛洞) I구역 M5호묘(이하 IM5호묘)와 I구역 M17호묘(이하 IM17호묘), 청주 봉명동 C10호묘에서 출토되었다. 고구려형 마갑은 중국 길림성(吉林省) 집안시(集安市) 마선구(麻線溝) 2100호묘, 천추묘(千秋墓), 태왕릉(太王陵), 우산하(禹山下) 3319호묘, 산성하(山城下) 전창(塼廠) 1호묘, 화천 연천리유적 30호 주거지에서 출토되었다(표 1).

[표 1] 전연형 마갑과 고구려형 마갑의 출토지

전연형 마갑	전연	십이대88M1호묘, 라마동IM5호묘, 라마동IM17호묘
	백제	청주 봉명동 C10호묘
고구려형 마갑	고구려	마선구 2100호묘, 천추묘, 태왕릉, 우산하 3319호묘, 산성하 전창 1호묘
	백제	화천 연천리 30호 주거지

1) 전연형 마갑

전연형 마갑의 가장 큰 특징은 소찰 구성이다. 평면 형태는 상원하방형(上圓下方形)이 주를 이룬다. 길이에 비해 폭이 좁아 세장(細長)한 형태이다. 투공 배치상에서의 특징은 소찰 상위에 투공이 'Y'자상으로 배치되는 것이다. 즉 소찰 상변에 횡방향으로 2공이 배치되고 그 사이로 종방향으로 2~3공의 투공이 배치된다. 중첩 방식은 하단의 소찰이 상단의 바깥으로 중첩되는 외중식(外重式)이다. 마갑 구성은 경·흉갑, 신갑, 고갑 상부와 하부를 모두 갖춘 III-2형이다(도 1, 2). 주로 전연의 중심지에서 출토되었다.

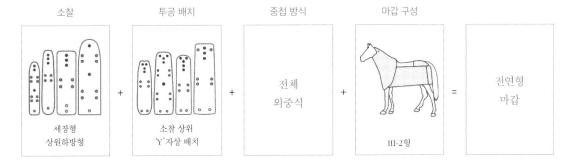

소찰   투공 배치   중첩 방식   마갑 구성

세장형   소찰 상위   전체   III-2형   전연형
상원하방형   'Y'자상 배치   외중식   마갑

[도 1] 전연형 마갑의 특징

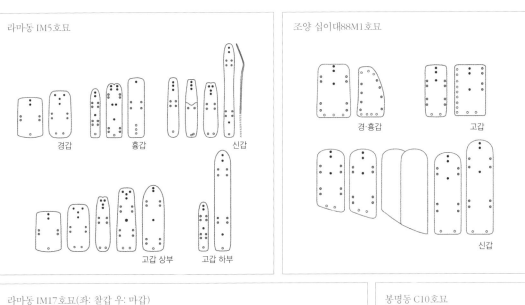

라마동 IM5호묘

경갑   흉갑   신갑

고갑 상부   고갑 하부

조양 십이대88M1호묘

경·흉갑   고갑

신갑

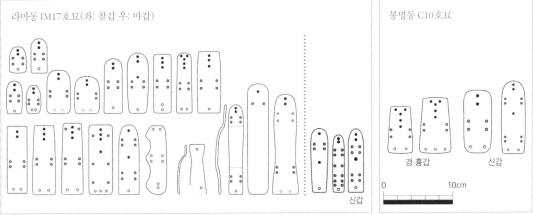

라마동 IM17호묘(좌: 찰갑 우: 마갑)

신갑

봉명동 C10호묘

경·흉갑   신갑

0   10cm

[도 2] 전연형 마갑 소찰(S=1/6)

봉명동 C10호묘에서 출토된 마갑[3](도 2)에 대해서 이현주(2011, 227-228)는 고구려를 중계로 한 삼연의 영향을 받은 것으로 보았고 성정용(2011, 264)은 고구려의 영향으로 보았다.[4] 이 유구는 4세기 말에서 5세기 초로 편년되는데(이현주 2011, 208) 이 시기 고구려에서는 고구려형 마갑이 존재하므로 이 유구의 마갑은 전연의 직접적인 영향을 받아 제작된 것일 가능성이 크다.

2) 고구려형 마갑

고구려형 마갑과 전연형 마갑의 가장 큰 차이점은 소찰 구성에 있다. 고구려형 마갑의 평면 형태는 제형과 장방형의 것만 사용된다. 투공 배치를 보면 제형찰은 수결공이 1열이고 횡결공이 1단으로, 장방형찰은 수결공이 1열이고 횡결공이 2단으로만 배치된다. 소찰 구성이 매우 정형화되어 있어 이를 고구려형 소찰 구성이라 할 수 있다. 또 중첩 방식에서도 차이를 보인다. 경·흉갑 하단의 소찰이 상단의 안쪽으로 중첩되는 내중식(內重式)으로 변화한다. 마갑 구성은 전연형 마갑과 동일하다. 이상의 특징을 갖는 마갑을 고구려형 마갑이라 하였다(도 3, 4).

고구려형 마갑은 중국 집안지역 고구려왕릉에서 주로 출토된다. 또 화천 연천리유적에서 고구려형 마갑이 출토된 바 있다. 제형찰만 확인되었는데 모두 고구려형 소찰 구성에 해당한다.

....

3   이현주(2011)와 성정용(2011)은 이 소찰을 사람이 착장한 찰갑(札甲)으로 분류하였다. 그런데 이 소찰 중 평면 형태가 제형인 소찰이 있고 라마동 IM5호묘의 마갑 소찰과 유사한 소찰이 존재하므로 마갑으로 볼 수 있다.

4   성정용(2011)은 직접적으로 고구려의 영향이라 언급하지는 않았다. 다만 우산하 3319호묘에서 출토된 소찰을 예로 든 것으로 보아 구체적으로 고구려의 영향으로 추정한 것으로 보인다.

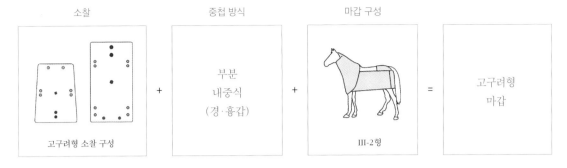

[도 3] 고구려형 마갑의 특징

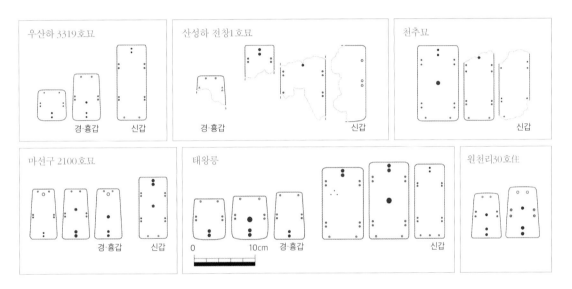

[도 4] 고구려형 마갑 소찰(S=1/6)

2. 영남지역

영남지역에서는 총 4가지 유형의 마갑이 나타난다. 부산지역에서 출현하여 함안, 고령 등지로 확산된 부산형 마갑, 경주와 경산에서 발견되는 경주형 마갑, 마갑총에서 출토된 함안형 마갑, 옥전고분군에서만 확인되는 옥전형 마갑이 있다(표 2).

[표 2] 영남지역의 유형별 마갑 출토지

부산형 마갑	복천동34호묘, 복천동35·36호묘, 지산동75호묘, 도항리 6호묘, 도항리8호묘, 연산동M3호묘
옥전형 마갑	옥전20호묘, 옥전28호묘, 옥전M1호묘
경주형 마갑	황남동109호묘3·4곽, 계림로1호묘, 쪽샘C10호묘, 조영CII-2호묘
함안형 마갑	마갑총, 학소대 1구 2·3호묘

1) 부산형 마갑(도 5)

부산형 마갑은 경·흉갑에 수결공이 2열, 횡결공이 1단으로 배치되며 고정·복륜공이 있는 제형찰이 사용된다(A1형 소찰 구성). 연결 기법으로는 수결 끈을 종방향으로 연결시킨 열 수결이 주로 사용된다(V형 연결 기법). 경·흉갑의 형태는 두 종류 이상의 소찰을 사용하여 제작된 A가형과 두 종류의 소찰이 사용되며 경·흉갑 상단에 돌출된 부분이 있는 A다형이 주로 사용된다. 마갑 구성은 경·흉갑만 있는 I형, 신갑이 더해진 II형, 고갑 상부까지 모든 부위를 갖춘 III형이 모두 확인된다. 부산 복천동 고분군에서 가장 이른 시기의 자료가 2벌 출토되었다. 이 시기 이후 부산에서는 두 단계 정도의 시간상 공백이 있고 연산동고분군에서 다시 이 마갑이 확인된다. 부산에서 이 마갑이 출현하지 않는 공백 동안에는 고령과 함안에서 확인된다.

소찰 구성	연결 기법	마갑 형태	마갑 구성

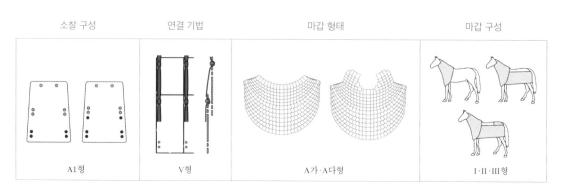

A1형	V형	A가·A다형	I·II·III형

[도 5] 부산형 마갑의 특징

2) 경주형 마갑(도 6)

경주형 마갑은 수결공이 1열로 배치되거나 횡결공이 2단으로 배치
된 제형찰이 경·흉갑에 주로 사용된다(A3형 소찰 구성). 고정·복륜공이
존재하지 않는 소찰도 확인된다. 연결 기법으로는 수결 띠와 수결 끈을
통해 종방향과 횡방향으로 연결하는 열단수결과 수결 끈을 통해 횡방향
으로 연결하는 단수결이 주로 사용된다(H형 연결 기법). 경·흉갑의 형태
는 A가형이 나타난다. 또 경·흉갑 상단에 돌출부가 있는 A다형이 최초로
경주에서 확인되었다. 경주형 마갑이 출토된 경주 쪽샘 C10호묘, 계림로
1호묘, 황남동 109호묘 3·4곽은 거의 동단계로 편년된다. 동일한 시기에
집중 출토되는 것으로 보아 당시 경주에서 마갑 생산이 매우 활발하게 진
행되었음을 알 수 있다.

소찰 구성	연결 기법	마갑 형태	마갑 구성
A3형	H형	A가·A다형	Ⅱ·Ⅲ형

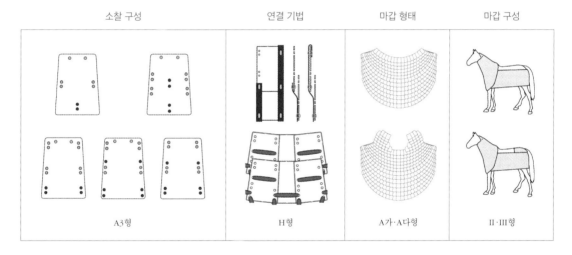

[도 6] 경주형 마갑의 특징

3) 함안형 마갑(도 7)

함안형 마갑은 상방하원형과 세종장방형인 소찰을 주로 사용한다(C
형 소찰 구성). 대다수 마갑의 경·흉갑에 제형찰이 사용되는 것과는 매우
대조적이다. 이 마갑의 가장 큰 특징이라 할 수 있다. 연결 기법으로는 부

산형 마갑과 동일하게 열 수결이 주로 사용된다(V형 연결 기법). 경·흉갑의 형태는 상방하원형찰과 세종장방형찰로 구성된 C가형이며 경·흉갑과 신갑만 존재하는 II형 마갑 구성이 특징이다. 유구의 파괴로 마갑의 성격이 불확실한 학소대 1구 2·3호묘를 제외하면 현재까지 자료상 이 마갑은 함안 마갑총에서만 확인되고 있다.

소찰 구성	연결 기법	마갑 형태	마갑 구성

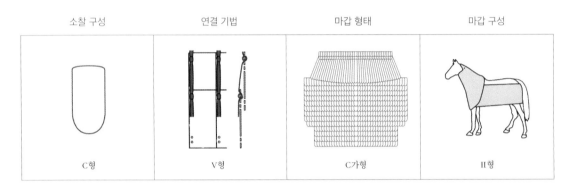

C형	V형	C가형	II형

[도 7] 함안형 마갑의 특징

4) 옥전형 마갑(도 8)

옥전형 마갑은 부산형 마갑의 소찰 구성과 관련성이 높다. 부산형 마갑과 같이 수결공이 2열, 횡결공이 1단, 고정·복륜공이 있는 제형찰이 경·흉갑에 사용된다. 차이점은 부산형 마갑과는 달리 수결공이 1단으로만 확인된다. 즉 한 가지의 소찰만으로 경·흉갑을 구성한다(A2형 소찰 구성). 연결 기법은 부산형 마갑과 동일하게 열 수결이 확인된다(V형 연결 기법). 경·흉갑의 형태는 A가형과 형태는 유사하나 길이가 짧은 A나형이 사용된다. 마갑 구성은 고갑 상부가 없는 I형과 II형이 확인된다.

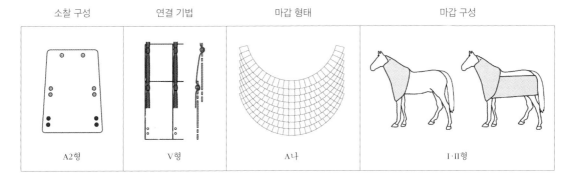

소찰 구성	연결 기법	마갑 형태	마갑 구성
A2형	V형	A나	I·II형

[도 8] 옥전형 마갑의 특징

3. 일본열도

오오타니 고분(大谷古墳), 카부토야마 고분(甲山古墳), 후나바루 고분 (船原古墳)의 마구 매납갱, 이치오미야즈카 고분(市尾宮塚古墳)에서 마갑이 출토되었다. 이 중 오오타니 고분을 제외하면 출토상태나 내용을 알 수 있는 자료가 적다. 오오타니 고분의 마갑 소찰 구성은 옥전 M1호묘와 거의 동일하다. 마갑 형태는 A나형, 연결 기법은 V형, 마갑 구성은 II-2형이다. 옥전형 마갑으로부터의 직접적인 영향이 있었을 가능성이 매우 높다(도 9, 10).

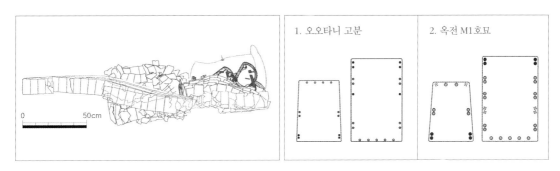

[도 9] 오오타니 고분 마갑의 출토상태 복원도

[도 10] 마갑 소찰 비교(축척 동일)

III. 마갑의 계보와 전개 과정

이상에서 살펴본 것처럼 삼국시대 동북아시아에서 출토된 마갑의 유형은 크게 전연형, 고구려형, 부산형, 경주형, 옥전형, 함안형 등의 6가지로 구분할 수 있다. 본 장에서는 6가지 유형의 마갑의 계보를 살펴본다. 또 각 마갑 간의 관계를 검토하여 전개 과정을 파악해보고자 한다.

필자는 동북아시아에서 출토된 마갑의 전개 양상을 [도 11]과 같이 정리한 바 있다. [도 11]에서처럼 조양·북표에서 출현한 '전연형 마갑'은 평양과 황해남도의 고구려 고분벽화(안악3호분 등)에서도 확인되며 청주 봉명동유적에서도 나타난다. 집안에서 성립된 '고구려형 마갑'은 평양의 고구려 고분벽화에 표현되어 있으며 화천 원천리유적에서도 확인된다. 또 영남지역의 마갑 출현에 영향을 미친다. 영남지역에서는 부산형, 옥전형, 경주형, 함안형 마갑이 시기와 지역을 달리하며 출현한다. 이상 6가지 유형 마갑의 중심연대는 전연형 마갑(조양·북표)이 4세기 중반, 고구려형 마갑(집안)이 4세기 중·후반에서 5세기 초반, 한반도 남부지역의 마갑들이 5~6세기이다. 일본열도에서 출토된 마갑은 6세기 이후로 편년된다.[5] 이하에서는 시간 흐름에 따라 마갑을 검토해보고자 한다(표 3).

1. 중국 동북지역 및 한반도 북부

4~5세기 중국 동북지역과 한반도 북부에서는 전연형 마갑과 고구려형 마갑이 확인된다. 먼저 전연형 마갑의 출현 배경에 대해서 살펴보고자

....

5   유물의 성격상 마갑은 편년의 기준이 되기에는 적합하지 않다. 본고에서는 김두철(2000, 2011), 김일규(2015), 신경철(2000), 이현우(2016), 전호태(2000), 정호섭(2010), 최종택(2006)의 편년안을 종합적으로 참고하였다.

[도 11] 동북아시아 마갑의 전개 양상(화살표는 영향관계, 음영은 동일 계보 마갑의 분포범위)(김성호 2019a, 83 수정 후 인용)

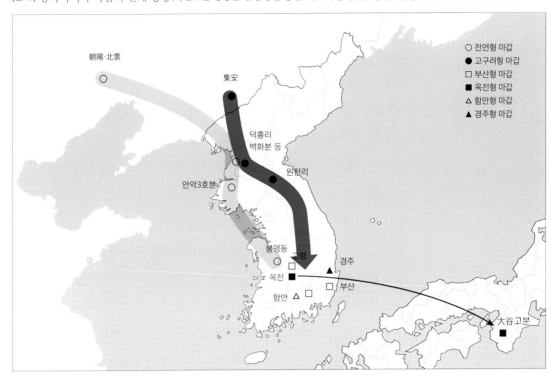

[표 3] 마갑이 출토된 고분과 고구려 고분벽화의 편년표(지면 한계상 유구의 번호만 표기)

		전연형	고구려형	부산형	경주형	함안형	옥전형
4세기	3/4	안악3 십이대88M1 라마동IM5 라마동IM17	우산하3319 마선2100				
	4/4	봉명동C10 원천리30					
5세기	1/4	약수리 덕흥리	천추묘 태왕릉	복천동34 복천동35·36			
	2/4		통구12 삼실총 마선구		쪽샘C10 황남동109 계림로1	학소대 1구2·3	
	3/4			지산동75	조영동CII-2	마갑총	옥전28
	4/4		쌍영총	연산동M3 도항리6 도항리8			옥전20 옥전M1
6세기			개마총				대곡

한다. 십이대88M1호묘, 라마동 IM5호묘와 IM17호묘에서 전연형 마갑이 출토되었다. 이 유구들보다 이른 시기의 철제 마갑은 확인되지 않고 있다. 도용에서도 이보다 이른 시기의 자료는 확인되지 않아 전연형 마갑이 전연 내에서 자체적으로 생산된 것인지 혹은 주변 국가에서 영향을 받아 제작된 것인지는 알 수 없다. 다만 마갑은 유물의 성격상 마구와 관련이 될 가능성 이 있기 때문에 마구의 전개 과정과 동일한 양상일 가능성이 있다. 그렇다 면 위의 마갑이 출토된 유구에서 마갑과 공반된 마구를 잠시 살펴보자.

삼연 마구는 전연의 고지(故地)인 요서지역에서 4세기 2/4분기 후반 부터 정형화되어 분묘에 부장된다. 이 삼연 마구는 '고유의 북방 문화를 바탕으로 중원의 문화를 적극 수용하여 빠르게 자기화하는 과정 속에서 성립'한 것이다(이현우 2016, 284-287). 즉 마갑이 마구와 궤를 함께한다면 삼연 마구의 성립 과정과 동일한 과정에서 전연형 마갑이 출현하였을 가 능성이 있다. 단 중원지역 마갑의 실체가 아직 드러나지 않아 향후 보다 면밀한 검토가 필요하다. 여기에서는 한 가지 가능성으로 서안 초엄파묘 (西安南郊草廠坡村北朝墓)와 함양 평릉 십육국묘(咸陽平陵十六國墓)에서 출 토된 마갑이 표현된 도용에 주목해보고 싶다(도 12).

두 유구는 모두 전진(前秦, 351~394) 시기에서 후진(後秦, 384~417) 시기로 편년된다. 이 도용들에 표현된 소찰들은 소찰 간 간격이 좁다. 세

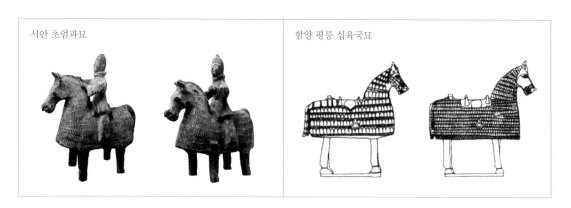

[도 12] 서안 초엄파묘와 함양 평릉 십육국묘 출토 도용

장한 소찰의 표현이다. 또 상원하방형찰을 외중식으로 중첩한 상태를 나타내고 있다. 즉 두 유구에서 출토된 도용은 전연형 마갑과 유사한 형태의 마갑이라 할 수 있다.

전진과 후진은 모두 중원의 문화를 숭상하였고 이는 두 유구의 묘제에서도 잘 나타난다(劉斌 2007). 따라서 초엄파묘와 평릉 십육국묘에서 출토된 도용도 모두 중원의 영향을 받은 것일 가능성이 있다. 이 도용들은 전연형 마갑과 유사하므로 전연형 마갑도 부분적으로 중원의 영향을 받았을 가능성이 있다.

전연형 마갑은 조양시와 북표시에서만 확인되는 것이 아니다. 안악 3호분, 약수리벽화분, 덕흥리벽화분 등 고구려 고분벽화에도 표현되어 있다. 김성호(2019a, 66-67)는 고구려의 고분벽화에서 고구려형이 아닌 전연형 마갑이 표현된 것에 주목하였다. 이를 통해 고구려형 마갑이 출현하기 이전 고구려에서의 마갑 제작에는 전연형 마갑이 많은 영향을 끼쳤던 것으로 판단하였다. 그 근거로는 당시 전연이 고구려와의 관계에서 우

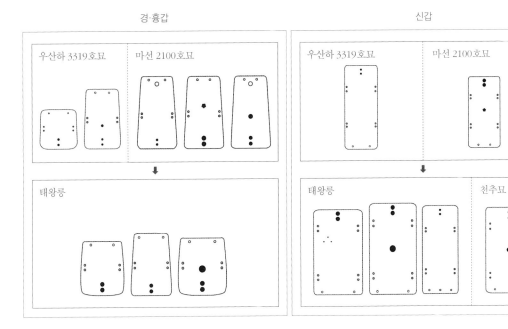

[도 13] 고구려형 마갑 출현 초기의 소찰과 이후 시기의 소찰 비교

위에 있었던 점을 들었다.

고구려형 마갑의 출현 시점은 4세기 중·후반으로 마선 2100호묘와 우산하 3319호묘에서 실물자료가 출토된다. 이보다 늦은 시기의 자료인 천추묘, 태왕릉에서도 고구려형 마갑이 출토된다. 모두 고구려형 마갑이지만 장폭비에서 비교적 뚜렷한 차이가 확인된다(도 13).

마선 2100호묘와 우산하 3319호묘의 것은 경·흉갑찰의 장폭비가 1.6, 1.8, 신갑찰의 장폭비가 2.1, 2.5이다. 반면 천추묘와 태왕릉의 경우 장폭비가 경·흉갑찰은 1.2, 1.5, 신갑찰은 1.7, 1.8이다.[6] 전반적으로 마선 2100호묘와 우산하 3319호묘의 것이 비교적 세장한 소찰을 사용한 마갑이다.

위에서 언급한 것처럼 세장한 소찰을 마갑에 사용하는 특징은 현 자료상 동북아시아 전체에서 전연형 마갑을 제외하면 찾아볼 수 없다. 고구려형 마갑이 최초로 출현한 것으로 생각되는 두 유구(마선 2100호묘, 우산하 3319호묘)에서 세장한 소찰이 사용되는 것은 전연형 마갑의 제작 전통이 여전히 남아 있었던 것이며 두 마갑은 고구려형 마갑이 전연형 마갑을 대체해가는 현상을 보여주는 좋은 자료라고 생각한다. 이후 태왕릉, 천추묘의 시기에 이르러서 고구려형 마갑의 독자성이 더욱 두드러지게 나타나게 되는 것이다.

고구려형 마갑이 전연형 마갑을 대체해 나가는 이러한 변화 양상은 고분벽화에서도 확인된다. 전연형 마갑으로 추정되는 안악 3호분, 약수리벽화분, 덕흥리벽화분에 표현된 마갑은 모두 상원하방 혹은 상방하원형의 세장한 소찰이 표현되어 있다. 반면 5세기 중반 이후 확인되는 고구려 고분벽화에서는 비교적 폭이 넓은 소찰들이 표현되어 있다(도 14).

한편 415년의 절대연대를 갖는 북연(北燕)의 풍소불묘(馮素弗墓)에

---

6   우산하 3319호묘의 경우 경·흉갑에 정방형에 가까운 제형찰(장폭비 1.0)이 사용되며, 태왕릉의 경우 신갑에 장폭비가 2.4인 장방형찰이 사용되기도 한다.

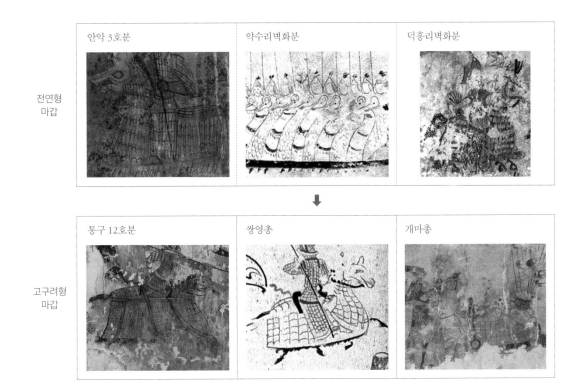

전연형 마갑	안악 3호분	약수리벽화분	덕흥리벽화분
고구려형 마갑	통구 12호분	쌍영총	개마총

[도 14] 고구려 고분벽화에 표현된 마갑의 변화 양상

서도 마갑이 출토된다.

제형찰은 확인되지 않고 상방하원형찰과 장방형찰만 확인된다. 장방형찰은 전연형 마갑에 사용된 소찰들에 비해서 장폭비가 작다. 당시 고구려와의 관계로 볼 때 풍소불묘에서 출토된 마갑은 고구려형 마갑의 영향일 가능성이 있다. 단 상방하원형찰의 사용은 전연형 마갑의 전통이 남은 것으로 볼 수 있다(김성호 2019a, 70-71)(도 15).

중국 동북지역과 한반도 북부에서는 4세기 중반부터 5세기 초까지 변화상의 특징들이 명확한 자료들이 출토되었다. 이상의 내용을 정리해 보면 다음과 같다. 4세기 중반 조양시와 북표시에서 전연형 마갑이 등장한다. 이 마갑은 삼연 마구의 연구 성과와 도용의 검토 결과에 따르면 독자적인 제작기술을 바탕으로 중원의 것을 흡수하여 제작된 것으로 볼 수 있다. 이와 동일한 시기 고구려에서는 전연형 마갑으로 분류되는 마갑들

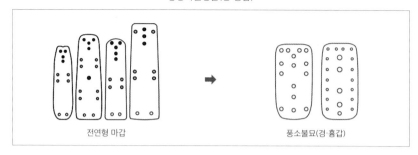

상방하원형찰(경·흉갑)

전연형 마갑 → 풍소불묘(경·흉갑)

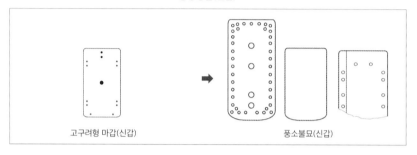

장방형찰(신갑)

고구려형 마갑(신갑) → 풍소불묘(신갑)

[도 15] 풍소불묘 출토 마갑과 전연·고구려형 마갑의 비교

이 확인된다. 고구려의 독자적인 마갑은 4세기 중·후반부터 본격적으로 확인된다. 다만 가장 이른 시기의 고구려형 마갑에는 세장한 소찰이 여전히 사용되고 있다. 전연형 마갑이 고구려의 마갑 제작에 많은 부분 영향을 주었으며 고구려에서 독자적인 마갑 생산에도 영향을 미쳤음을 알 수 있다. 5세기 초가 되면 소찰의 폭이 넓어져 전연형 마갑과의 차이가 두드러지게 된다. 이는 고구려 고분벽화에서도 잘 나타난다.

2. 한반도 남부

한반도 남부에서는 영남지역을 중심으로 마갑이 출토된다. 영남지역에서 출토된 마갑은 제형찰과 장방형찰이 주로 사용된다는 점에서 공통점이 확인된다. 제형찰과 장방형찰을 마갑에 사용하는 것은 고구려형 마갑의 특징이다. 즉 영남지역의 마갑은 고구려의 영향일 가능성이 크다. 기존의 연구에서도 영남지역 마갑의 출현을 고구려의 영향으로 보고 있다(장경숙 2009; 우순희 2010). 단 세부적으로는 지역별로 독창적인 특징을 드러내며 이러한 특징은 고구려형 마갑과는 다소 차이가 있다.

영남지역에서 가장 이른 시기의 마갑은 복천동 34호묘와 35·36호묘, 대성동 11호묘[7]에서 확인된다. 복천동 고분군에서 출토된 것은 부산형 마갑으로 제형+장방형찰을 주로 사용하고 있으나 고구려형 소찰 구성과는 전혀 다른 소찰이 사용된다. 구체적으로 수견공이 2열로 배치되는 점, 다양한 크기의 제형찰이 사용되는 점(34호묘), 장방형찰(34호묘)이나

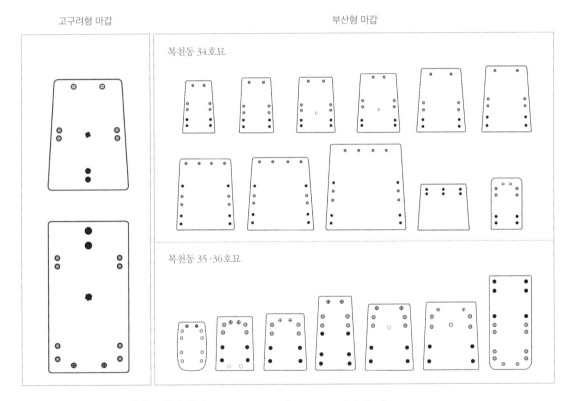

[도 16] 고구려형 소찰 구성과 부산형 마갑(복천동 34호묘, 복천동 35·36호묘) 소찰 비교

....

7   아직 상세한 보고가 이루어지지 않았다.

상방하원형찰(35·36호묘)이 경·흉갑에 사용되는 점 등이다(도 16).

이 중 다양한 제형찰이 사용된 점과 경·흉갑에 제형찰 이외의 평면 형태를 갖는 소찰이 사용된 점은 이후의 부산형 마갑에서는 거의 확인되지 않는다. 가장 이른 시기의 부산형 마갑에서만 이러한 특징이 나타나는 것으로 보아 이 마갑이 처음 출현한 시기에는 마갑 제작에 있어서 다양한 시도를 하였다는 것으로 해석해 볼 수 있다. 한편 두 유구에서 출토된 경·흉갑찰의 투공 배치는 이후 경주, 경산을 제외한 전 영남지역에서 확인된다.

이 시기 이후 경주에서 경주형 마갑이 등장한다. 가장 대표적인 것은 쪽샘 C10호묘로 영남지역에서 최초로 III-2형 마갑 구성이 나타난다. 경·흉갑, 신갑, 고갑 상부, 고갑 하부를 모두 갖춘 이 마갑 구성은 전연형 마갑과 고구려형 마갑의 특징이다. 경·흉갑의 돌출부도 전연형 마갑과 고구려형 마갑에서 확인할 수 있다. 십이대88M1호묘에서 비대칭 제형찰이 확인되어 돌출부의 존재를 확인할 수 있으며, 삼실총, 쌍영총, 통구12호분 등의 고구려 고분벽화에서도 돌출부가 표현되어 있다(도 17).

마갑 구성과 경·흉갑의 돌출부는 전연, 고구려 모두에서 나타나지

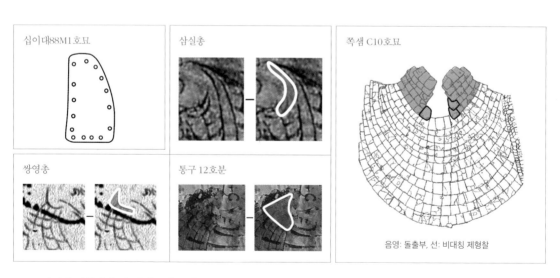

[도 17] 비대칭 제형찰과 경·흉갑 돌출부의 사례

만, 경주형 마갑의 출현 시기와 당시 신라와 고구려와의 관계에서 볼 때
이 두 요소는 고구려형 마갑의 영향인 것으로 보인다. 황남동 109호분
3·4곽에서는 고구려형 소찰 구성과 매우 유사한 소찰이 출토된다. 또 고
갑 상부까지 갖춘 III-1형 소찰 구성으로 보아 고구려형 마갑과의 강한 관
련성이 보인다(도 18).

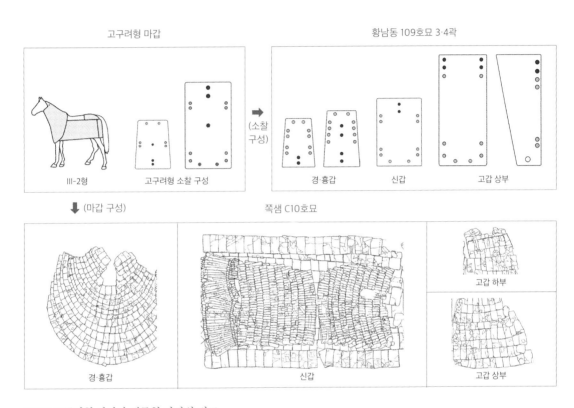

[도 18] 고구려형 마갑과 경주형 마갑의 비교

　　이상의 특징에서 보아 쪽샘 C10호묘, 황남동 109호묘 3·4곽에서
출토된 두 마갑에서는 고구려형 마갑의 영향력이 부산형 마갑보다 더욱
짙게 나타난다. 단 경주형 마갑에서도 독자적인 요소가 나타난다(도 19).
경·흉갑에 횡결공이 2단인 점(황남동 109호분 3·4곽, 조영 CII-2호묘, 계림
로 1호묘), 소찰의 수결공이 2열인 점(조영 CII-2호묘, 계림로 1호묘) 등이다.

특히 경·흉갑에 횡결공을 2단으로 사용한 것은 고구려형 마갑에서는 물론이고 경주형 마갑을 제외한 전 영남지역에서는 확인되지 않는다. 또 조영 CII-2호묘의 경·흉갑은 고정·복륜공 조차 없어 고구려형 소찰 구성과는 더욱 차이를 드러낸다.

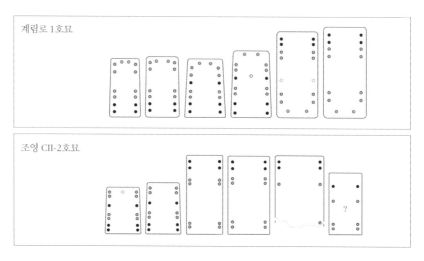

[도 19] 계림로 1호묘, 조영 CII-2호묘 출토 마갑 소찰

옥전형 마갑은 소찰 구성에서 부산형 마갑과 관련성이 나타난다. 부산형 마갑은 A12-1有형[8] 소찰과 A22-1有형 소찰이 경·흉갑에 사용(소찰 구성 A1형)되는데, 옥전형 마갑은 A12-1有형 소찰이 사용(소찰 구성 A2형)된다(도 20). 따라서 옥전형 마갑의 제작에는 부산형 마갑의 영향력이 강한 것으로 보인다. 다만 유의해야 할 것은 부산형 마갑의 영향은 소찰 구성에서만 두드러지게 나타날 뿐이다. 오히려 부산형 마갑의 소찰 구성을 바탕으로 하여 옥전형 마갑의 정체성을 나타낸다고 생각한다.

옥전형 마갑은 경·흉갑에 단일 소찰을 사용하는데 이는 경·흉갑 전

----

8   알파벳은 소찰의 평면 형태, 숫자는 투공 배치, 有/無는 고정·복륜공의 유무를 나타낸다. A12-1有형 찰은 소찰의 평면 형태가 제형(A)이고, 수결공이 1단2열(12), 횡결공이 1단(1), 고정·복륜공이 있는(有) 소찰을 의미한다.

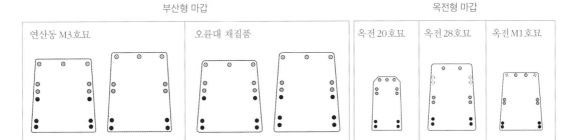

부산형 마갑

| 연산동 M3호묘 | 오륜대 채집품 |

옥전형 마갑

| 옥전 20호묘 | 옥전 28호묘 | 옥전 M1호묘 |

[도 20] 부산형 마갑과 옥전형 마갑의 경·흉갑 소찰 비교

체 형태에도 영향을 미친다. 부산형 마갑은 여러 크기의 소찰을 사용하여
경갑과 흉갑을 구분하거나 단(段)별로 크기를 달리한다. 반면 옥전형 마
갑은 한 가지 크기의 소찰을 사용하여 경갑과 흉갑을 따로 구분하지 않는
다. 전체 길이도 다른 마갑의 경·흉갑에 비해 짧다(도 21).

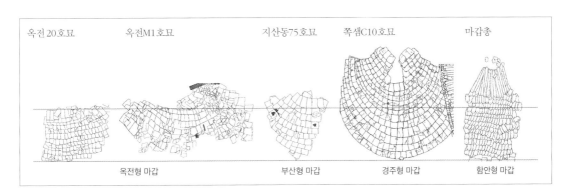

| 옥전 20호묘 | 옥전M1호묘 | 지산동75호묘 | 쪽샘C10호묘 | 마갑총 |
| 옥전형 마갑 | | 부산형 마갑 | 경주형 마갑 | 함안형 마갑 |

[도 21] 옥전형 마갑과 다른 마갑의 경·흉갑 길이 비교

이러한 특징은 경·흉갑의 제작과 수리에 상당한 이점을 가져온다.
또 경·흉갑의 길이가 짧아지면 보호할 수 있는 면적은 좁아지지만 무게
가 줄어들기 때문에 비교적 말에 부담이 적다. 사용되는 소찰의 수량도
적어서 제작이 용이하고 다른 마갑에 비해 상대적으로 적은 소찰로 더 많
은 경·흉갑을 만들 수 있게 된다. 즉 이 마갑의 가장 큰 특징은 생산성에

있다.

　　마지막으로 함안형 마갑이다. 이 마갑은 마갑총에서 출토된 것을 제외하면 전 영남지역에서는 확인되지 않는다. 따라서 현재까지의 자료상 이 마갑의 계보를 명확히 나타내는 자료는 없다. 여기에서 이 마갑의 계보에 대해 여러 방면으로 검토하여 한 가지 가능성을 제시해보고자 한다.

　　함안형 마갑의 가장 큰 특징은 상방하원형찰과 세종장방형찰로만 경·흉갑을 구성한 점이다. 이러한 소찰은 경주형, 옥전형 마갑에서는 사용되지 않는다. 부산형 마갑인 복천동 35·36호묘에서는 경·흉갑 상단에 상방하원형찰이 사용된다. 또 학소대 1구 2·3호묘[9]에서도 상방하원형찰이 출토되고 있어 부산형 마갑이 함안형 마갑의 등장과 관련될 가능성을 나타내고 있다(도 22). 다만 학소대 1구 2·3호묘의 경우 마갑의 성격이 불분명하며 복천동 35·36호묘의 경우 경·흉갑의 대부분을 제형찰로 구성하고 있는 점에서 차이점이 있다. 즉 함안형 마갑의 출현에 부산형 마갑의 영향력이 있었을 가능성이 일부 엿보인다.

[도 22] 상방하원형찰의 비교

　　위에서 언급한 것처럼 상방(원)하원(방)형찰이 마갑에 사용되는 것은 전연형 마갑에서 확인된다. 그러나 전연형 마갑이 출토되는 조양과 북표는 함안과 공간적 차이가 크며 시기적으로도 차이가 있어 직접적으로

....

9　　유구의 파괴로 인해 이 마갑의 정확한 분류가 어렵다.

연결되기 어렵다. 여기에서 주목되는 것이 청주 봉명동 C10호묘 출토 마갑이다. 이 마갑은 전연형 마갑이며 상원하방형찰이 신갑에 사용된다. 상원하방형찰이 마갑에 사용된 점을 주목한다면 봉명동 C10호묘 출토 마갑은 조양·북표와 함안 사이의 시·공간적 공백을 메워주는 자료가 될 수 있다(도 23).

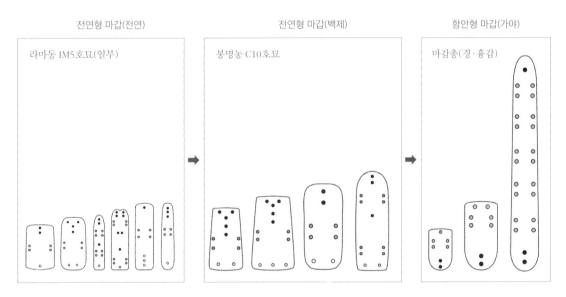

전연형 마갑(전연)　　　　　　전연형 마갑(백제)　　　　　　함안형 마갑(가야)

라마동 IM5호묘(일부)　　　　봉명동 C10호묘　　　　　　　마갑총(경·흉갑)

[도 23] 라마동, 봉명동, 마갑총 출토 소찰 비교

또 다른 가능성은 고구려이다. 고구려 고분벽화 중 안악 3호분, 약수리벽화분, 덕흥리벽화분 등에서 상원하방형찰이 경·흉갑에 사용된 예가 보인다. 이 마갑이 함안형 마갑의 제작에 영향을 주었을 가능성도 있다고 볼 수 있겠다. 그러나 이 세 벽화분에 표현된 마갑은 이미 언급한 것처럼 전연형 마갑이다. 즉 고구려 고분벽화를 통해 마갑총과의 관련성을 언급한다 해도 이는 사실 전연형 마갑과의 관련성을 보여주는 자료인 것이다. 한편 신갑은 장방형찰이 사용되므로 이는 전 영남지역에 영향을 미친 고구려형 마갑의 영향으로 볼 수 있다.

마지막으로 함안형 마갑의 계보에 관해 언급하고 싶은 것은 찰갑 소찰을 변용한 함안지역 자체 생산의 가능성이다. 주지하듯 상방(원)하원(방)형찰은 찰갑과 그 부속갑에 주로 사용되는 평면 형태이다. 상원하방형찰은 신갑(身甲), 상박갑(上膊甲), 수갑(手甲), 대퇴갑(大腿甲) 등에 사용되며 세종장방형찰은 대퇴갑(大腿甲),[10] 비갑(臂甲), 종장판주(縱長板冑) 등에 사용된다. 마갑총에서도 찰갑이 출토되었는데 마갑의 경·흉갑에 사용된 소찰과 유사하다(도 24). 이 소찰들을 마갑에 응용하여 독자적인 마갑을 제작하였을 가능성이 있다.

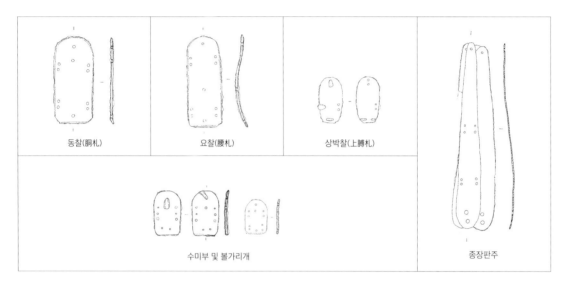

동찰(胴札)

요찰(腰札)

상박찰(上膊札)

수미부 및 볼가리개

종장판주

[도 24] 마갑총 출토 찰갑 소찰

이처럼 함안형 마갑의 계보에 대해서는 크게 부산형 마갑의 영향, 전연형 마갑의 간접(청주 봉명동 C10호묘) 영향, 고구려의 영향, 자체 생산의 가능성 등 여러 가지 가능성이 있다. 이상의 검토 결과를 토대로 한 가지 가능성을 제시해보고자 한다.

....

10   쪽샘 C10호묘에서 마갑의 신갑 위로 대퇴갑으로 추정되는 소찰들이 출토되었다. 이 소찰들은
     세종장방형찰과 상원하방형찰로 이루어져 있다(국립경주문화재연구소 2019).

먼저 경·흉갑에 상방하원형찰과 세종장방형찰이 사용된 것은 영남지역에서는 매우 드문 것이다. 이 소찰들을 주로 사용한 마갑은 전연형 마갑이다. 한 가지 문제점은 자료 간의 시·공간적 차이인데 이는 언급한 바와 같이 봉명동 C10호묘에서 출토된 전연형 마갑을 통해 어느 정도 해소 가능하다. 즉 함안 마갑총의 경·흉갑은 전연과 백제를 통한 것일 가능성이 있다.

마갑총의 신갑은 장방형찰로 구성되는데 이는 전 영남지역에서 공통적으로 나타나는 현상이며 고구려형 마갑의 영향일 가능성이 매우 크다. 주목할 것은 신갑찰의 투공 배치이다. 수결공과 횡결공이 각각 1단씩만 있는데 다른 지역의 신갑찰에서는 확인되지 않는 매우 간단한 배치이다. 이는 함안지역의 독자적인 요소일 가능성이 있다.

이상에서 제시한 이 가능성은 여전히 하나의 가설에 불과하다. 찰갑을 변용한 함안지역의 자체 생산품일 가능성도 배제할 수 없다. 또 전연과 백제와의 관련성을 언급하기 위해서는 다른 유물을 통해서도 그 관련성이 검증되어야 함은 물론이다. 최근 함안 말이산 45호분에서 마갑이 출토되었다(頭流文化硏究院 2019). 이 자료를 통해 향후 마갑총에서 출토된 함안형 마갑의 계보 연구가 더욱 진전되리라 기대한다.

3. 일본열도

오오타니 고분(大谷古墳), 카부토야마 고분(甲山古墳), 후나바루 고분(船原古墳)의 마구 매납갱, 이치오미야즈카 고분(市尾宮塚古墳)에서 마갑이 출토되었는데 본 발표에서는 오오타니 고분 출토품만을 대상으로 그 계보를 찾아보고자 한다.

오오타니 고분에서 출토된 마갑은 출토 상태로 보아 경·흉갑을 양측의 신갑이 감싸고 마주를 고갑 하부[11]가 감싼 것으로 추정된다. 즉 이 마갑의 구성은 II-2형이다. 소찰은 제형찰과 장방형찰이 각각 한 종류씩 확인된다. 투공 배치는 제형찰은 A12-1有형, 장방형찰은 B22-2형[12]이며 크기는 각각 5.5×6.1×8.1cm, 7×11cm이다.

이 소찰 및 마갑 구성과 비교할 수 있는 것은 옥전형 마갑이다. 옥전형 마갑의 소찰 구성은 A2형으로 A12-1有형 소찰과 B12-2형 소찰이 사용되는 것이 특징이다. 즉 신갑찰의 수결공 단수를 제외하면 오오타니 고분 마갑의 소찰 구성은 옥전형의 그것과 동일하다. 특히 옥전 M1호묘의 것과는 소찰의 크기마저 유사하여 매우 높은 관련성을 보여주고 있다. 또 마갑 구성은 고갑 하부가 있는 II-2형이지만 신갑과 고갑 하부에 동일한 소찰을 사용하고 있어 마갑의 전체 설계에서도 옥전 M1호묘와의 유사성을 나타내고 있다. 즉 오오타니 고분 출토 마갑은 옥전형 마갑, 특히 옥전 M1호묘 출토 마갑의 직접적인 영향을 받아 제작된 것으로 볼 수 있다.

IV. 맺음말

이상에서 삼국시대 마갑의 유형과 계보, 전개 과정을 살펴보았다. 현재까지 자료상 철제마갑은 조양·북표시에 위치한 전연의 고분에서 처음 확인되는데 그 시기는 4세기 중반이다. 이 마갑들은 몇 가지 특징들이 공유되어 전연형 마갑으로 분류된다. 전연형 마갑은 공반된 삼연마구와 다른 도용 자료에서 볼 때, 기마민족의 독자적인 문화를 바탕으로 중원 문화를 흡수하는 과정에서 출현한 것으로 생각된다. 동일 시기 고구려에서는 고분벽화에 마갑이 표현되어 있다. 이 마갑들은 전연형 마갑으로 분

....

11 단 확인된 소찰은 제형찰(경·흉갑)과 장방형찰(신갑) 각각 1종류뿐이다. 고갑 하부는 신갑찰
   과 동일한 소찰로 구성된 것으로 판단된다.
12 B는 장방형찰을 의미한다.

류되므로 고구려에서 전연형 마갑의 영향을 확인할 수 있었다. 고구려에서의 전연형 마갑 영향은 고구려의 독자적인 마갑이 출현한 직후까지도 남아 있다. 4세기 중·후반부터 출현하기 시작하는 고구려형 마갑은 매우 정형화된 소찰 구성이 특징적이다. 이 시기 이후 고구려 고분벽화에 표현된 마갑에서도 전연형 마갑이 아닌 고구려형 마갑이 표현되어 있다.

고구려형 마갑은 영남지역 일대에 전반적인 영향을 주는데, 세부적인 제작 기술보다는 마갑을 제형찰과 장방형찰로 구성한다는 기본 틀에 많은 영향을 미친다. 세부적인 마갑 제작 기술은 지역별로 다양하다. 부산형 마갑은 제형찰과 장방형찰로 마갑을 구성한다는 고구려형 마갑의 기본 설계를 제외하면 다른 제작 기술들은 독자적인 요소들이다. 경주형 마갑은 부산형 마갑보다 더 많은 점에서 고구려형 마갑의 영향이 확인되나, 역시 독자적인 제작 기술도 확인된다. 옥전형 마갑은 부산형 마갑과 많은 공통점이 있다. 단 마갑의 제작에 있어 생산성을 중요시한 점이 이 마갑의 특징이다.

한편 함안형 마갑은 아직 해결되어야 할 점이 많다. 다만 현재까지의 자료를 바탕으로 다양한 가능성을 검토해보고 이를 토대로 하나의 가설을 설정해보았다. 즉 경·흉갑은 마갑에서는 사용이 드문 소찰이 사용된 점에서 전연과 백제를 통하였을 가능성이, 신갑은 평면 형태와 투공 배치상에서 볼 때 고구려형 마갑의 영향에 함안지역의 독자적인 제작 기술로 제작되었을 가능성이 있다고 보았다. 단 이는 하나의 가설에 불과하며 향후 보완되어야 할 점이 많다. 마지막으로 일본에서는 마갑의 출토 사례가 적다. 출토 상태가 양호한 오오타니 고분에서 출토된 마갑은 옥전형 마갑의 직접적인 영향이 있었을 것으로 추정할 수 있었다.

참고문헌

1. 논문

金斗喆, 2000, 「韓國 古代 馬具의 研究」, 東義大學校大學院 文學博士學位論文.

_____, 2011, 「皇南大塚 南墳과 新羅古墳의 編年」, 『韓國考古學報』80.

_____, 2014, 「고대 기마문화의 획기:중장기병전술과 마장제」, 『한국의 馬, 시공을 달리다』, 국립제주박물관.

김성호, 2019a, 「삼국시대 마갑 연구」, 부산대학교 문학석사학위논문.

_____, 2019b, 「삼국시대 영남지역 출토 마갑 구조 연구」, 『韓國考古學報』第111輯.

김일규, 2015, 「삼국시대 표준연대유물의 정합성 검토」, 『百濟文化』第52輯.

성정용, 2011, 「百濟 甲冑 復元研究를 위한 試考」, 『역사와 담론』제58집.

申敬澈, 2000, 「金官伽耶 土器의 編年」, 『伽耶考古學論叢』3.

우순희, 2010, 「東北아시아 出土 馬甲 檢討」, 『釜山大學校 考古學科 創設20周年 記念論文集』.

이현우, 2016, 「삼연마구(三燕馬具)의 성립과 그 배경」, 『가야의 마구와 동아시아』, 인제대학교 가야문화연구소.

이현주, 2011, 「百濟甲冑의 形成과 그 背景」, 『군사연구』제131집.

장경숙, 2009, 「말갑옷(馬甲) 연구 시론」, 『학예지』16, 육군사관학교 육군박물관.

전호태, 2000, 『고구려 고분벽화 연구』, 사계절.

정호섭, 2010, 「高句麗 壁畵古墳의 編年에 관한 檢討」, 『先史와 古代』第52號.

崔鍾澤, 2006, 「集安'高句麗 王陵'出土遺物의 諸 問題」, 『한국고대사연구』41.

劉斌, 2007, 「十六國北朝時期的甲騎具裝及甲騎具裝俑研究」, 山西大學 歷史文化學院碩士學位論文.

楊泓, 1977, 「騎兵和甲騎具裝」, 『文物』第10期.

張小舟, 1987, 「北方地區魏晉十六國墓的分區與分期」, 『考古學報』第1期.

2. 보고서 및 현장설명회 자료집

국립경주문화재연구소, 2019, 『慶州 쪽샘地區 新羅古墳遺蹟X』.

頭流文化研究院, 2019, 『함안 말이산고분군 정비사업부지 내 유적』, 발굴조사 현장설명회 자료.

陝西省文物管理委員會, 1959, 「西安南郊草廠坡村北魏墓的發掘」, 『考古』第6期.

咸陽市文物攷古研究所, 2004, 「咸陽平陵十六國墓淸理簡報」, 『文物』第8期.

「삼국시대 마갑의 구조와 계보」에 대한 질의문

김영민 울산대학교박물관

삼국시대 마갑에 대한 연구는 그다지 많은 연구자들이 관심을 가졌던 분야는 아니었다. 자료의 빈약과 복원 과정의 난이도 등에서 많은 제약이 있었던 것이 사실이다. 최근 함안과 경주 등지에서 양호한 상태로 조사된 자료들이 복원되면서 동북아 차원에서 계보를 논의할 수 있는 수준에 도달했다. 이 점은 우리나라 고고학의 수준이 레벨업되었음을 입증하는 증거라고 할 것이다.

발표자의 논고를 나름 열심히 읽어 보았는데 역시 말[馬]과 관련된 논문은 정말 어렵다는 점을 다시 한번 절감하였다. 마갑뿐만 아니라 말과 관련된 마구류의 연구도 역시 대단히 어려운 분야라는 점을 익히 잘 알고 있었다. 이 자리를 빌려 말[馬]과 관련된 유물을 연구하시는 연구자들께 경의와 존경의 말씀을 전하고 싶다.

그럼 논고를 보면서 가지게 된 몇 가지 의문에 대해서 질의 드리고자 한다. 먼저 제목과 목차에서 구조와 계보, 그리고 전개 과정을 언급하는 과정에 '일본열도'라는 장을 굳이 삽입한 이유가 무엇인지 궁금하다. 논고의 내용이나 전개를 보면―3. 일본열도라는―장을 나누어 별도로 언급할 만한 내용을 담고 있다고 보기는 어렵다. (최소한 토론자의 시각에서) 왠지 다소 억지스러운 목차 구성이라고 보여지는데 혹시 발표자의 숨은 뜻이 있다면 알려 주시기 바란다.

두 번째로 크게 4개 부위로 구분되는 마갑의 구성요소가 마갑의 유형을 판단하는 기준의 일요소로 보았다. 그런데 마갑의 개별 구성요소 가운데 유기질로 제작된 예가 있을 수 있다는 점도 염두에 두어야 하지 않을까 생각해 본다. 즉 찰갑의 유형에서 피갑을 상정한 경우를 감안하면, 마갑의 경우에도 이러한 가능성이 충분하다. 즉 신갑은 철제, 고갑은 유기질제 등등의 예도 감안해서 마갑의 구성요소를 검토해 보는 것은 어떨지? 이렇게 보면 마갑의 구성요소는 그다지 큰 변별요소가 되지 않을 가능성도 있다고 보이는데 이 점에 대해 발표자는 어떻게 생각하는지 궁금하다.

세 번째로 마갑의 계보와 관련해서 계보 추정의 가장 큰 근거는 구성지판의 형태를 염두에 두고 있는 듯하다. 즉 크게 전연형과 고구려형으로 구분하였는데 주로 상원하방의 세장한 소찰과 제형찰이나 방형의 소찰로 나누어진다고 하였다. 전자를 전연형 마갑의 특징으로 후자를 고구려형 마갑의 구성요소로 본 것이다.

한편 고구려 벽화고분 등에 묘사된 모습에서 고구려 마갑에 나타난 전연의 영향에도 주목하였다. 즉 고구려의 마갑이 전연과도 무관하지 않은 것으로 본 것인데 이것은 고구려의 마갑이 전연형과 고구려형이 혼재된 상태로 운영된 것임을 반증하는 것이다. 그렇다면 백제지역이라고 하는 봉명동 출토품(도 11)은 전연의 영향이 아니라 오히려 고구려의 영향으로도 볼 수 있을 듯하다.

그러면 동북아 마갑의 큰 계보는 전연에서 등장한 마갑이 고구려에 영향을 끼치게 되었고, 이후 5세기 초부터 전형적인 고구려형의 마갑이 만들어지면서 양대 유형이 공존하였다. 이후에 양대 유형이 한반도 남부로 전래하였고, 이후 고구려형의 영향이 최후까지 잔존한 것이 된다. 이에 대한 발표자의 의견을 듣고 싶다 .

네 번째 마갑총과 관련하여 발표자의 새로운 시도에 대하여 질의하고자 한다. 마갑총에서 보이는 제 요소를 통해서 먼저 경·흉갑의 소찰 형태에서 전연과 백제를 통한 관련성을, 신갑의 소찰 형태에서 고구려형과의 관련성을 제시하였다. 한편 일부 상방하원형의 소찰을 근거로 부산형과의 관련성도 제시하였다. 여기서 한걸음 더 나아가 찰갑의 소찰을 변용한 함안지역의 독자적 생산품의 가능성과 함께 소찰의 투공 배치 등을 통해서 함안지역 특유의 요소를 보강하였다.

여러 가지 가능성 속에서 발표자는 아마도 마지막의 함안독자생산에 방점을 둔 듯하다. 그렇다면 부산형, 경주형, 옥전형에서도 다른 지역의 영향과 함께 지역특유의 독자적인 요소는 전혀 없는 것인가? 그리고 함안형의 경우에만 찰갑이 변용의 가능성을 제시한 것은 소위 말하는 '특혜'에 다름 아니다. 다른 유형에도 찰갑 제작 과정에서의 정보가 공유되었을 가능성이 대단히 높고 그 영향을 무시할 수 없을 것이다. 따라서 함안지역에서 추가 자료들이 속속 발굴되고 있으므로 함안형에 대한 논의는 좀더 경과를 지켜보는 것이 좋다고 생각한다.

다섯 번째로 후반부에 논의될 주제인 중장기병과 관련하여 질의하고자 한다. 마갑을 전문적으로 연구한 발표자의 입장에서 삼국시대 영남지방의 중장기병 운영 가능성에 대하여 언급해 주었으면 고맙겠다. 만약 가능성을 인정한다면 영남지방의 중장기병의 활용도에 대해 발표자의 견해를 알려 주시기 바란다.

마지막으로 찰갑이든, 마갑이든 현재 남겨진 것은 주로 철제 유물에 한정된 경우가 대부분이다. 그래서 고대의 갑옷은 모두 철제라는 선입견을 가진다. 하지만 공산성 출토품에서 보이듯이 유기질제 갑옷과 마갑이 엄연히 존재하며, 오히려 가죽으로 만들고 옻칠을 한 유기질제 갑옷이 더 많이, 오랜 기간 사용되었을 것으로 추정한다. 이러한 점에서 유기질제 마갑의 존재를 폭넓게 인정한다면 발표자가 해결하고자 고민하는 많은 의문점들이 상당부분 해소될 수도 있을 것 같다. 아울러 찰갑의 연구결과 등에서도 참고의 여지가 상당할 것이므로 앞으로 관련 연구자와의 공동 연구를 당부하고 싶다.

2

가야·신라 권역 출토
마주의 구조 분석과 의미

김혁중 국립김해박물관

I. 연구사 검토와 과제

삼국시대는 오랫동안 많은 전쟁이 있으면서 다양한 무기와 갑주가 제작되고 발달하였다. 그중 중장기병은 무기를 든 전사뿐만 아니라 전사가 올라탄 말까지 갑주로 무장한 형태로 당시 최고의 기술이 구현된 무장 체계라고 할 수 있다.

중장기병과 관련하여 자주 언급되고 그 영향에 대한 여러 논의가 이루어진 기록은 고구려 남정이다. 당시 중장기병의 모습을 정확하게 그려 볼 수 없지만 고구려 고분벽화에 그려진 중장기병은 그 규모와 위세를 짐작할 수 있게 한다. 삼국시대는 일찍부터 기마 문화가 발달하여 다양한 마구가 확인되는 것과 달리 문헌에 기록된 기병은 대개 추격 등에 이용된 형태로 경기병의 모습이 대부분이다. 이러한 상황에서 한반도 남부에서도 이러한 중장기병의 모습을 직접적으로 그려 볼 수 있었던 것은 영남지방 각지의 고분에서 마주와 마갑이 확인되기 때문이다. 그리고 그 수는 현재까지 동아시아 지역에서 가장 많은 수량이 출토되어 이를 제작하고 부장한 배경에 대한 적극적인 논의가 필요한 상황이다.

현재 동아시아에서 확인된 마주의 수량은 2019년 현재 모두 28점(표 1 참고)이며 이 중 한반도에서 출토된 수량은 21점으로 그 비중이 압도적이다. 출토 수량이 당시 역사상을 그대로 반영하는 것은 아님은 분명하나 벽화나 도용으로 그 실체를 정확하게 알 수 없는 상황에서 한반도에서 출토된 마주는 당시 중장기병을 이해하는 데 매우 중요한 자료라 할 수 있을 것이다.

그러나 삼국시대 마주는 이처럼 중요한 자료임에도 우리 연구자들이 복천동 고분군에서 최초로 확인된 1980년대 이후 활발한 연구가 이루어지지 못하였다. 이제까지 주목할 만한 성과는 현재까지 마주의 형식분류를 통한 구조를 검토하고 계통에 대한 논의(이상률 1999·2005; 김재우

2004)가 이루어진 정도이다.

상기의 연구를 통해서 우리나라 출토 마주는 두 가지 계통 또는 한 가지 계통으로 정리되는데 전자는 중국 동북지방의 선비계와 고구려계이고 후자는 고구려계를 주목하고 있다. 사실 이 연구도 일부 구조에 대한 견해 차이를 빼면 큰 차이를 찾기 어려우며 계통을 달리 보는 이유도 각각의 연구자가 보는 연대관의 차이가 가장 크다.

물론 계통을 밝히려는 연구도 중요하지만 마주는 중장기병의 한 요소로 같이 제작되는 말갑옷과 공반되는 마구의 성격도 연구의 대상으로 고려해 볼 필요가 있다. 다행히도 최근 말갑옷을 소재로 다양한 연구 결과(장경숙 2009; 우순희 2010; 김성호 2019)가 지속적으로 이루어지고 있다. 또한 최근에 출토된 쪽샘 C10호 출토품과 공산성 출토품과 같은 신자료의 증가도 앞의 연구를 토대로 새로운 검토가 필요하다.

따라서 이번 논고는 기왕의 연구를 토대로 신자료를 포함한 가야·신라 권역 출토 마주를 재검토하고자 한다. 또한 이제까지 마주와 마갑을 아울러서 살펴본 연구 검토[1]가 이루어진 바가 없기에 본고에서 이를 살펴보고 확인되는 양상의 의미에 대해서 간단히 언급하고자 한다.

II. 가야·신라 권역 출토 마주의 구조 분석

마주는 크게 '얼굴덮개부', '볼가리개부', '챙부'로 나누어 볼 수 있다(이상률 1999, 105). 각 부위는 여러 속성들이 있는데 이는 [도 1]을 참고할 수 있다.

....

1   필자는 중국 중원지방과 영남지방의 갑주를 비교 검토하는 과정에서 초보적인 검토(김혁중 2015)를 한 바 있다.

마주의 명칭과 개별 속성은 연구자들 사이에서도 큰 차이가 없다(이상률 1999; 김미숙 2004; 김재우 2004). 이 중에 가장 첨예하게 대립되는 부분은 얼굴덮개부의 측판을 어디까지 보아야 하는가이다. 김재우는 복천동 10호, 옥전 M1호, 사라리 65호 마주에 안공이 자리한 부분을 측판으로 보기보다 보강판으로 보아야 한다고 하였다.

이러한 견해 차이는 측판에 부여한 의미가 다름에 있다고 판단되는데 이상률은 안공의 위치를 기준으로 측판의 범위를 이해하는 반면에 김재우는 비공부의 범위가 측판을 결정짓는다고 이해하기 때문이다.

필자는 얼굴덮개부에 명명한 '상판'과 '측판'이라는 명칭 자체에 문제를 제기하고자 한다. 그러한 이유는 상판 자체가 측면까지 내려온 경우도 있기 때문이다. 그렇게 되면 '측판'이라는 별도의 판은 그 명칭 자체가 모호하게 되고 김재우의 언급처럼 '보강판'이라는 별도의 명칭을 명명하게 되는 경우도 생기게 된다. 다만 이번 논고에는 아직까지 적합한 명칭을 찾기 어렵고 현재까지 연구에 혼선을 줄 수 있어서 '측판'이라는 용어를 사용하지만 앞으로 검토해 볼 여지가 있다.

얼굴덮개부의 명칭이나 그 성격을 제외하고는 형식 설정의 큰 틀은 차이가 없다. 따라서 마주는 두 가지 유형으로 분류하여 A형 마주와 B형 마주로 언급되고 있다. 구분의 큰 기준은 얼굴덮개부 상판의 분할 여부로 2분할된 것은 A형이고 미분할된 것은 B형이다. 이 분류는 영남지방 출토 마주를 넘어서 중국과 일본열도에 출토된 마주를 분류하는 기준이 되고 있다.

이를 통해서 중국 동북지방에 계통을 두는 것은 A형이고 고구려에 계통을 두는 것은 B형으로 이해하고 있다. 최근에는 계통을 좀 더 구체적으로 비정하여 A형을 전연계 마주, B형을 고구려계 마주로 이해하는 논자(김일규 2018, 43)도 있다.

필자는 이제까지 출토된 자료의 속성을 기왕의 연구 검토를 바탕으로 [표 1]로 정리해 보았다. 마주들은 얼굴덮개부의 상판 분할을 기준으로

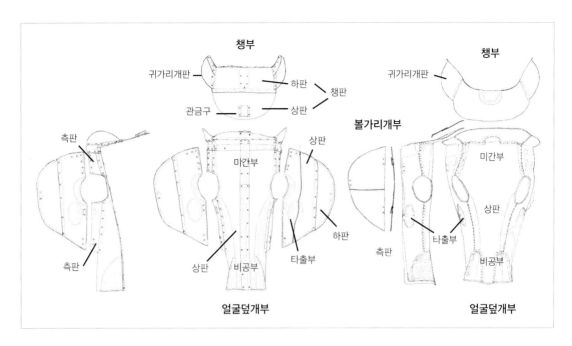

[도 1] 마주의 속성(이상률 2005)

조합된 속성을 살펴보았을 때 몇 가지 새로운 점을 관찰할 수 있었다.

우선은 각각의 마주가 속성을 공유하고 있으나 완전히 동일한 속성을 조합한 마주는 많지 않았다. 물론 출토 수량도 적고 결실 등으로 완전한 형태를 알 수 있는 자료가 부족한 점도 있으나 현재 자료로 본다면 각각의 마주는 조금씩 다른 속성을 보인다. 이 점은 삼국시대 갑주도 동일한 양상으로 갑옷인 판갑과 찰갑은 적지 않은 수량이 이제까지 출토되었지만 크기나 속성에 있어서 완전히 동일한 개체를 찾아보기 어렵다. 그러므로 마주의 분류는 얼굴덮개부의 상판 분할을 기준으로 크게 분류할 수 있지만 자료가 좀 더 축적된다면 속성 조합을 통해 다양한 형식이 설정될 수 있다. 그렇게 설정된 형식은 시간성이나 지역성 등 향후 연구가 필요한 부분이다.

다음은 얼굴덮개부의 상판이 2분할된 마주의 경우 챙부의 형태에 차이가 있다. 챙부의 형태는 반원형과 횡타원형으로 구분(이상률 1999, 122)

[표 1] 동아시아 출토 마주

유구	얼굴 덮개부					챙부					볼가리개부			
	상판	측판	비공부 성형	안공	타원형 타출부	판수	형태	∩형 절 단부	귀가리 개	관금구	판수	형태	안공	타원형 타출부
대성동 1호	2분할	無	상판	상반부	無	1판	장방형	無	無	無	1판	반원형	하반부	?
대성동 57호	2분할	無?	상판	상반부	無	?	?	?	?	?	1판	반원형	하반부	有
옥전 M1	2분할	無	상판	상반부	無	1판	선형	無	無	無	2판	반원형	하반부	有
마갑총	2분할	?	상판	?	無	?	?	無	선형	?	2판	반원형	하반부	有
옥전 35호	2분할	有	상판	상반부	無	1판	장방형	無	선형?	有	2판	반원형	하반부	有
사라리 65호	2분할	有	상판	상반부	無	1판	선형	無	無	有	2판	반원형	하반부	有?
두곡 8호분	2분할	有	상판	전체	無	?	?	?	?	?	2판	반원형	하반부	有
복천동 10호	2분할	有	상판	전체	無	2판	선형	有	선형	有	2판	반원형	하반부	有
도항리 6호	2분할	無	상판	전체	無	?	?	無	無	?	2판	?	하반부	有
대성동 93호	2분할	?	상판	전체	無	2판	장방형	無	無	無?	2판	?	?	?
연산동 M3호	?	?	?	?	?	?	?	?	?	?	?	?	?	?
황남동 109호	미분할	無	?	전체	有	1판?	선형?	無	?	有	1판	?	無	無
옥전 23호	미분할	?	측판	전체	?	1판	선형	?	선형	?	1판	?	無	無
옥전 28호	미분할	無?	?	전체	有	1판	선형	有	선형	無	1판	?	無	無
옥전 M3호A	미분할	無	측판	전체	무	1판	선형	有	선형	有	?	?	?	?
옥전 M3호B	미분할	無	無	전체	무	1판	선형	無	無	有	1판	?	無	無
도항리 8호	미분할	有	?	전체	유?	1판	선형	無	선형	有	2판	?	無	無
연산동 M8호	?	?	?	?	?	?	?	?	?	?	?	?	?	?
쪽샘 C10호	미분할	?	?	?	?	?	?	?	?	?	?	?	하반부	?
오륜대	?	有		전체	?									
공산성	미분할	?	?	?	?	?	?	?	?	?	?	?	?	?
우산 992	미분할	?	?	?	?	?	?	?	?	?	?	?	?	?
대곡	미분할	無	측판	전체	有	1판	선형	有	선형	有	1판	반원형	無	無
선원	미분할													
장군산	분할	有	전체	전체	有	2판	선형	有	선형	無	1판	반원형	無	無
조양 88M1	분할	有	전체	전체	無	6판	선형	無	無	無	4판	반원형	하반부	無
라마동 IM5	분할													
라마동 IM17	분할													

* ?: 결실이나 미보고로 구조를 정확하게 알 수 없는 경우

하고 챙판에 연접된 양쪽 귀가리개 형태에 주목하였다. 필자가 검토하기에 챙부는 크게 세 가지로 나눌 수 있는데 우선 장방형 형태와 선형 형태로 구분되고 선형은 귀가리개 유무로 좀 더 세분할 수 있다. 그런데 장방형은 제작 당시부터 귀가리개가 없기에 선형 형태의 챙부의 귀가리개 유무로 좀 더 세분화 할 수 있다. 이러한 검토를 바탕으로 하면 상판이 2분할된 A류 마주는 좀 더 세분화될 가능성이 있다. 그리고 얼굴덮개부의 상판이 분할되지 않은 마주는 모두 선형이다.

상판이 분할된 A류 마주는 가야형 마주라는 주장(이상률 1999)이 있었고 이에 대한 반론(김재우 2004)이 있었다. 반론의 근거는 가야에서 출토된 마주가 신라보다 빠르다고 할 수 없기 때문이다. 이는 [표 2]에서 보듯이 연대관의 차이도 있겠지만 이상률이 제기한 재반론(2005, 112)도 입장에 따라서 달리 볼 여지가 있어서 A류 마주를 가야형 마주로 단정하기에 어려움이 있다. 이러한 상황에서 필자는 A류 마주 내에 챙부의 형태를 주목하여 '장방형' 형태를 가진 마주를 '가야형 마주'로 보고자 한다. 특히이 마주는 대성동과 옥전에만 확인되어 가야 마주의 특징으로 볼 수 있다.

이제까지 마주의 유형은 대분류 기준으로 얼굴덮개부의 분할, 미분할로 나누었음을 알 수 있다. 이 분류방법은 중국에서 출토된 마주에도 적용되어 계통을 살펴보는 데 적극적으로 이용되고 있다. 그런데 조양 88M1호나 라마동 유적에서 출토된 마주를 과연 동일한 기준으로 이해할 수 있는지는 검토의 여지가 있다. 영남지방에서 확인된 얼굴덮개부가 분할된 마주는 가운데에 철대를 고정한 형태가 대부분이다. 그런데 중국 출토 마주는 얼굴덮개부의 상판이 분리된 형태를 철대로 고정하였다기보다 중앙에 철판이 있고 양 옆으로 각각의 철판이 조립되어 가는 구조이다. 과연 이 구조를 영남지방 A류 마주와 동일하게 볼 수 있는지 재검토가 필요하며 분할 여부를 기준으로 계통을 나누고 그 제작 방법이 영남지방에 영향을 주었다는 관점도 새로운 시각이 필요할 것으로 보인다.

마지막으로 새로운 자료인 쪽샘 C10호 마주를 간단하게 언급하고자 한다. 최근 공간된 보고서를 포함하여 몇몇 논고에서 그 유형을 분류한 바 있다(이상률 2016; 김일규 2018; 국립경주문화재연구소 2019). 이 연구들에 의하면 쪽샘 C10호는 얼굴덮개부가 분리되지 않은 B형 마주이다. 그런데 논고들에 수록된 도판 사진을 보면 특이점이 확인된다. 이제까지 B형 마주는 안공의 형태가 모두 얼굴덮개부에서 마무리되었다. 그런데 이 마주는 안공의 형태가 볼가리개에도 있어서 B형 마주의 새로운 요소가 확인되었음을 지적하고자 한다.

III. 가야·신라 권역 출토 마주의 부장 양상과 의미

다음 장은 마주와 관련하여 이제까지 언급되어온 논의를 재검토해 보고자 한다. 이를 위해서 우선 공반된 마갑과의 관계를 살펴보겠다.

[표 2]는 마주를 최근 마갑 연구(김성호 2019) 성과에 대입하여 작성해 보았다.

마갑의 구조는 김성호(2019, 250)에 의하면 착장 부위를 통해 모두 5가지 유형으로 분류된다고 한다(도 2 참조).[2] 필자가 설정한 가야형 마주는 마갑이 공반되지 않아서 김성호가 분류한 안을 검증해 볼 수 없었다. 다만 그가 분류한 착장 부위를 검토해보면 A류 마주는 II형의 마갑과 공반되는 반면에 B형 마주는 II형과 III형의 마갑이 공반되는 점에 차이가 있다.

....

2   김성호가 분류한 지역성에 의하면 모두 4가지 지역성(부산형, 옥전형, 경주형, 함안형)으로 나뉜다고 한다(2019, 252). 그런데 [표 8]의 분류안에 의하면 대개가 경·흉갑의 구조 분석으로 지역을 나눈 듯하다. 표에 언급된 부위별 마갑 형태도 결국 경·흉갑을 분석하여 도출하였기 때문이다. 이 점은 신갑이나 고갑의 양상이 정확하지 않은 상태에서 지역성을 무리하게 구분한 것은 아닌가 판단된다. 그러므로 현재의 자료로 지역성 검토는 신자료 등을 포함하여 면밀한 추가 분석이 필요할 듯하다.

[표 2] 마주의 조합관계

유구	이상률		김재우		마갑	김성호		비고
	유형	연대관	유형	연대관		착장 부위	지역성	
대성동 1호	A	5C 1/4	A	5C 1/4				가야형
대성동 57호	A	4C 4/4	A	5C 1/4				
옥전 M1	A	5C 3/4	A	5C 3/4	○	II-1	옥전형	
마갑총	A	5C 3/4	A	5C 3/4	○	II-1	함안형	
옥전 35호	A	5C 3/4	A	5C 3/4				가야형
사라리 65호	A	5C 2/4	A	5C 3/4	○			
두곡 8호분	A	5C 1/4	A	5C 1/4				
대성동 93호	A		A					가야형 5C 2/4 (심재용)
복천동 10호	A	5C 2/4	A	5C 2/4				
황남동 109호	B	5C 2/4	B	5C 2/4	○	III-1	경주형	
옥전 23호	B	5C 2/4	B	5C 2/4				
옥전 28호	B	5C 3/4	B	5C 3/4	○	II-2	옥전형	
옥전 M3호A	B	5C 4/4	B	5C 4/4				
옥전 M3호B	B	5C 4/4	B	5C 4/4				
도항리 8호	B	5C 4/4	B	5C 4/4	○	II-2	부산형	
연산동 M8호		6C 1/4		5C 4/4				
도항리 6호	A		A					
쪽샘 C10호	B		B		○	III-2	경주형	
연산동 M3호					○	III-1	부산형	

　　마갑의 구조를 보듯이 마갑은 말의 전신을 갑옷으로 보호하지 않았음을 알 수 있다. 마주도 전마구를 구성할 때 필수적인 요소로 보이지 않는다. 영남지방에서 출토된 전마구에서 말갑옷과 마주를 모두 공반하여 출토되는 곳은 7곳에 지나지 않기 때문이다.

　　류창환은 삼국시대 기병과 기마전술에서 전마구로 무장한 기병을 개마무사형으로 분류한 바 있다(류창환 2010, 136). 갑옷으로 무장을 하였

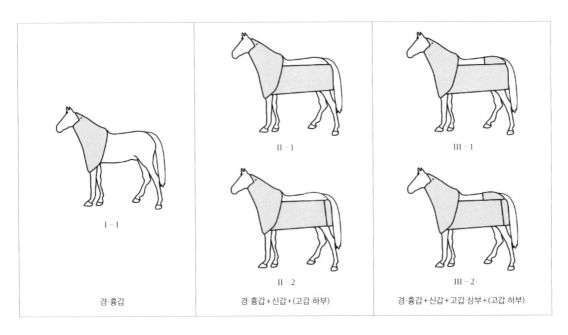

I - 1	II - 1	III - 1
	II - 2	III - 2
경·흉갑	경·흉갑+신갑+(고갑 하부)	경·흉갑+신갑+고갑 상부+(고갑 하부)

[도 2] 마갑의 착장 부위(김성호 2019)

지만 세부적으로 말이 마주 또는 마갑을 착장하지 않는 점을 고구려 벽화를 통해 언급하였고 이러한 양상이 기병의 기동성이나 전술과 관련이 있을 것으로 추정되지만 자세한 내용은 알기 어렵다고 하였다.

이처럼 전마구의 조합관계도 다양한 양상을 나타내기 때문에 가야와 신라도 고구려와 같이 개마무사형 기병을 그 실정에 맞게 전술적으로 운영했을 가능성이 높다. 그러나 중장기병대를 실질적으로 운영했는지는 검토해 볼 여지가 있다.

다음으로 필자가 이번 논문에서 논의해 볼 내용은 전마구 제작 공인의 성격으로 이 갑옷을 제작한 공인이 마구 제작자인지 갑주 제작자인지에 대한 논의이다.

선행연구에서 김재우는 대성동 1호 마주를 통해 판갑과 마주 제작의 상관성이 있다고 보았으나 이상률은 북방지역의 영향으로 마구 도입과 발달에 따라 마주도 도입된 것으로 보고 있다.

필자는 마주가 제작된 기술 배경은 용도를 고려한다면 전마구는 갑주와 연계해서 봐야 한다고 생각한다. 기본적으로 마구는 말을 운용하는 데 필요한 도구이다. 마주와 마갑의 용도는 말을 보호하기 위한 방어구이다. 다시 말해 말과 관련된 물품 모두를 마구라는 개념 안에서 살펴볼 수 없다. 전마구는 기본적으로 방어구 안에서 기술적인 부분을 살펴보아야 한다. 만일 마주를 마구의 제작 기술로 이해한다면 몸통을 보호하는 마갑은 어떻게 설명할 수 있을지 문제가 된다. 이러한 현상은 마주와 마갑을 분리해서 생각하기 때문에 나온 추정이 아닐까 생각된다. 만약 갑주가 마주와 마갑보나 더 늦은 시기에 출현하였다면 살펴보기 어렵겠지만 마주와 마갑 출현 이전에 다른 갑주 발달 과정이 충분했던 만큼 이를 무시할 수 없는 것이다.

마지막으로 당시 제작된 마주의 규격을 살펴보고자 한다. 마주는 전체가 온전하게 남아 있는 자료가 많지 않다. 특히 얼굴덮개부와 볼가리개부를 알 수 있는 마주의 크기를 [표 3]으로 정리하였다. 마주의 크기는

[표 3] 가야·신라 권역 출토 마주의 크기

유구	얼굴덮개부(단위: cm)		볼가리개부(단위: cm)	비고
	길이	최대폭	최대폭	
대성동 1호	45	20	15.5	
옥전 M1	48.3	24	18.3	
사라리 65호	49.4	24.7	17.4	
복천동 10호	46	24.4	16	
대성동 93호	38.2	20.4	?	
옥전 28호	48.5	30.8	12.5	
옥전 M3호A	49.5	25.5	?	
옥전 M3호B	36.5	27.2	비공부 없음	
도항리 6호	31.9	13.2		
쪽샘 C10호	46.4	29.8	15.6	

* ?: 결실이나 부재로 알 수 없는 경우.

[표 3]에서 보는 바와 같이 대체로 얼굴덮개부의 길이가 50cm 정도이고 볼가리개가 18cm 내외의 규모로 제작되었음을 알 수 있다.

그런데 마주의 볼가리개부 크기도 그렇지만 얼굴덮개부 크기에서 옥전 M3호 B와 도항리 6호 출토 마주는 유난히 크기 차이가 확인된다. 이 중에 옥전 M3호 B 마주는 비공부가 없어서 길이가 짧은 점은 이해할 수 있으나 도항리 6호 출토품은 전체 속성이 분명히 확인되는 마주로 다른 마주보다 얼굴덮개부 길이가 상당히 짧은 편이다. 또한 도항리 6호보다 길지만 대성동 93호 마주도 10cm 정도 길이가 짧다. 이와 관련하여 아쉬운 점은 한반도에서 출토된 21점 중 아직 미보고된 자료를 포함하더라도 10점 정도에 불과해서 규격 등과 관련된 좀 더 진전된 논의를 도출하기 어렵다는 점이다. 그럼에도 불구하고 이러한 마주의 크기 차이는 말의 품종과 관련이 있는 것인지 별도의 의미가 있는지는 향후 검토해 볼 과제로 판단된다.

IV. 맺음말-향후 연구 과제

지금까지 기왕의 연구를 통해 마주의 구조를 분석해 보았다. 이를 통해 몇 가지 새로운 사실이나 견해를 밝힐 수 있었다.

우선 A형 마주를 좀 더 세분화하여 그 중 챙의 형태가 장방형을 띠고 있는 마주가 '가야형' 마주일 가능성을 제시해 보았다. 그러나 자료가 충분하지 못하므로 앞으로의 자료 증가에 따른 검토가 필요하다.

두 번째로 마주의 계통 문제를 간단히 언급해 보았다. 기왕의 연구는 한반도 출토 마주가 중국 동북지방의 영향이나 고구려의 영향을 강하게 받은 것으로 분석하고 있다. 특히 중국 동북지방 출토 마주 자료를 근거로 계통을 밝히고 특히 금관가야는 이 자료를 통해 양 지역 간 네트워크를 유지한 것을 보여주는 자료로 언급되고 있다. 그러나 양 지역 자료를 엄밀히 분석하면 완전히 동일하다고 볼 수도 없기에 좀 더 면밀한 검토가 필요하다.

셋째는 이제까지 마주 연구가 전마구의 일종이면서도 마갑과 더불어 살펴본 연구가 없기에 최신 연구 성과를 포함하여 마주와 마갑의 관계를 살펴보았다. 이를 통해 B형 마주가 좀 더 다양한 유형의 마갑과 조합되며 마주는 경·흉갑으로 구성된 마갑에는 조합관계가 없음을 알 수 있었다.

넷째는 마주 제작 공인의 출자로 갑주 제작 공인과 마구 제작 공인 중에서 어디서 제작되었는가를 살펴보았다. 마구와 마갑을 전마구의 범주로 구분하면 제작에 사용된 여러 기술은 갑주 제작 기술과 연결되는 점이 많다. 따라서 전마구 제작 공인은 갑주 제작 공인과 연결해서 보는 것이 타당하다.

마지막으로 마주의 크기를 검토하여 제작의 규격화를 살펴보았는데 일부 마주의 경우 일반적인 규격과 크기 차이가 있어서 말 품종 비교 등 그 의미에 대한 검토가 필요하다.

이상으로 가야·신라 권역에서 출토된 마주를 살펴보았는데 필자의 능력 부족으로 여러 가지 문제점이 있으리라 생각하며 이번 논고에서 미진한 부분은 향후 연구 과제로 삼고자 한다.

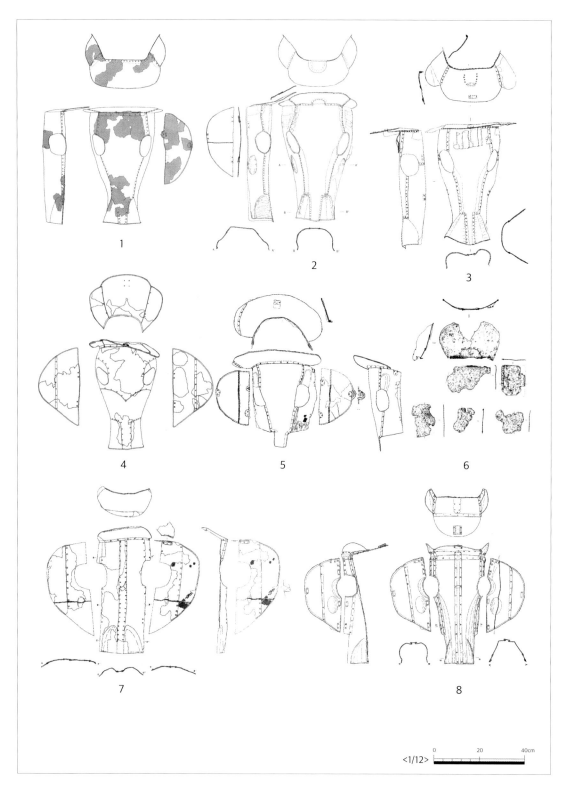

[도 3]

1. 합천 옥전M23호분 2. 합천 옥전M28호분 3. 합천 옥전M3호분-A 4. 함안 도항리8호 5. 합천 옥전M3호분-B
6. 우산992호묘 7. 합천 옥전M1호분 8. 부산 복천동10호분

<1/12>

0   20   40cm

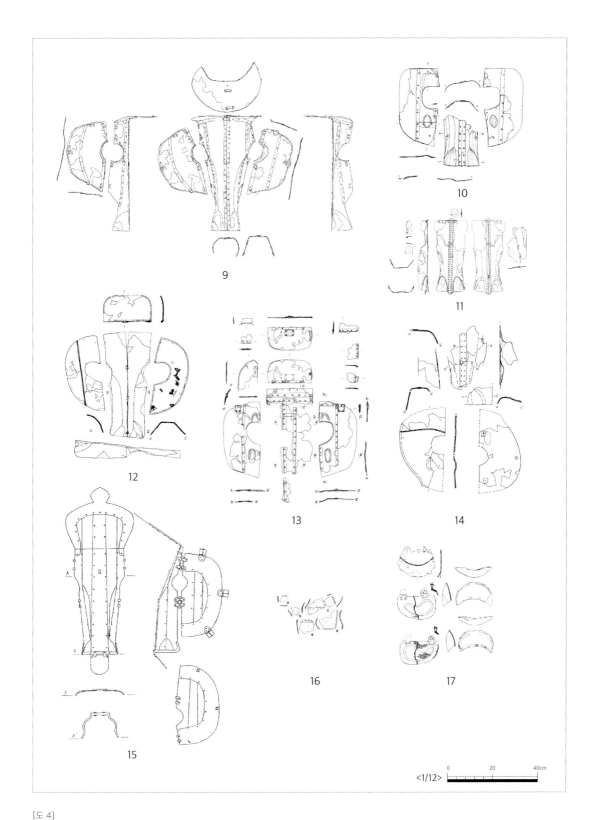

0   20   40cm

〈1/12〉

[도 4]

9. 경주 사라리65호분 10. 김해 두곡8호분 11. 함안 도항리6호분 12. 김해 대성동1호분 13. 합천 옥전35호분
14. 김해 대성동57호분 15. 조양 십이지향88M1호묘 16. 부산 오륜대고분 17. 합천 반계제 가A호분

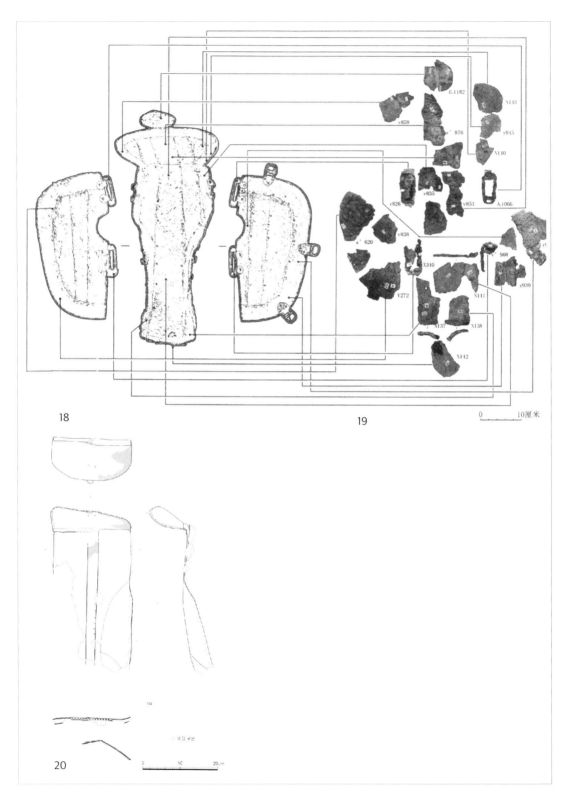

18   19   0   10厘米

20

[도 5]
18. 라마동IM5 19. 라마동IM17 20. 대성동93호.
* 18·19 도면 출전: 萬欣 외, 2017.

참고문헌

공주대학교박물관·공주시, 2013, 『웅진성 공산성』.

국립경주문화재연구소, 2019, 『경주 쪽샘지구 신라고분유적 X』.

김미숙, 2004, 「영남지역 출토 마주에 관한 연구」, 『영남문화재연구』 17.

김성호, 2019, 「삼국시대 영남지역 출토 마갑 구조 연구」, 『한국고고학보』 제111집.

김일규, 2018, 「금관가야고분 출토 외래유물의 성격과 의의」, 『호남고고학보』 제60집.

김재우, 2004, 「영남지방의 마주에 대하여」, 『영남고고학』 35호.

김혁중, 2015, 「중국 중원·동북지방 갑주로 본 영남지방 갑주문화의 전개과정과 특징」, 『영남고고학』 72호.

김혁중·최지은, 2017, 「황남동 109호 3·4곽 출토품 연구(1)-황남동 109호 3·4곽 출토 마주 소개와 특징」, 『신라문물연구』 10.

류창환, 2010, 「삼국시대 기병과 기마전술」, 『한국고고학보』 제76집.

萬欣·白雲燕·趙代盈·肖俊壽, 2017, 「遼寧北京市喇嘛洞墓地 M17 鐵甲堆積的室內請理」, 『遼西地區魏晋十六國時期都城文化研究』.

송계현, 2005, 「환인과 집안의 고구려 갑주」, 『북방사논총』 3호.

심재용, 2019, 「전기도질토기시기 김해 대성동고분군의 연대」, 『고고광장』 24, 부산고고학회.

우순희, 2010, 「동북아시아 출토 마갑 검토」, 『부산대학교 고고학과 20주년 기념논문집』.

이상률, 1999, 「가야의 마주」, 『가야의 대외교섭』 제5회 가야사 학술회의.

_____, 2005, 「신마주고」, 『영남고고학』 37호.

_____, 2016, 「古代 東アジアと日本列島の馬具」, 『騎馬文化のイノベーション』.

장경숙, 2008, 「4. 함안 도항리고분군의 방어무장」, 『함안 도항리 6호분』, 동아세아문화재연구원 발굴조사 보고서 제22집.

_____, 2009, 「말갑옷(馬甲)연구 시론」, 『학예지』 16, 육군사관학교 육군박물관.

「가야·신라 권역 출토 마주의 구조 분석과 의미」에 대한 토론문

이상률 부경대학교박물관

1. 지금까지 마주 연구는 제작 방법과 개별 속성을 통해 형식을 분류하고, 이에 대한 계통적 접근을 시도해왔다. 그 결과 형식적으로는 분할형(A류)과 일체형(B류)으로 구분하고, 계통적으로는 전연(가야)과 고구려(신라)로 구분하는 것이 일반적이다. 토론자는 이를 인정하면서도 제작법상 동일한 속성을 조합한 마주가 많지 않음을 들어 다양한 형식이 설정될 수 있음을 예상한다. 그렇다면 이를 통해 시간성과 지역성이 재편될 수 있고, 나아가 계통적으로도 새로운 사실을 밝힐 수 있으므로 중요한 지적이라 할 수 있다. 다만, 새로운 형식과 계통에 대한 구체적인 지적이 본문에 드러나 있지 않은데, 이에 대한 발표자의 견해를 듣고 싶다.

2. 발표자는 상판이 분할된(A류) 마주가 '가야형 마주'라는 토론자의 주장(1999)에 대해 그렇게 단정하기 어려우며, 챙부의 형태가 장방형을 띠는 마주만을 가야형 마주로 본다. 토론자가 주장한 '가야형'은 특정지역을 지칭하기보다는 계통적으로 상판분할을 기본으로 하는 형식을 아우르는 의미이므로 오해 없길 바란다. 어쨌든 '가야형 마주'에 대한 언급을 하였는데 그렇게 설정된 가야형 마주의 의미는 무엇인가.

3. 쪽샘 C10호 마주가 지니는 의미는 크다. 일체형(B류)의 소위 '고구려·신라형' 마주에 속하는 것으로 현존하는 신라 최고식이자 남부지방 일체형 마주 중에서도 가장 이른 형태에 속한다. 발표자는 안공을 볼가리개까지 낸 분할형(A류)의 속성을 띤 점에서 이를 일체형(B류) 마주의 새로운 요소로 파악한다.

중요한 것은 그 의미이다. 토론자는 이에 대해 기본적으로 일체형(B

류)의 속성에 일부 분할형(A류)의 속성이 가미되어 있는 것은 곧 일체형이 분할형으로부터 개량된 것임을 방증한다고 하였다. 그 개량 주체는 고구려이며, 남정을 계기로 신라에 수용되면서 일체형이 남부지방에 점차 파급되는 것으로 이해한다(149쪽 삽도 2 참조).

안공이 얼굴덮개부와 볼가리개로 나누어진(분할형 속성) 점을 일체형(B류) 마주의 새로운 요소로 파악한다면, 후속하는 일체형(B류)에 이러한 요소가 지속되는 것이 자연스럽다. 그러나 전혀 반영되지 않고 있음은 이것이 새로운 요소이기보다는 이 마주가 지니는 특징으로 보아야 한다. 곧 완성된 일체형이 아니라 분할형에서 일체형으로 바뀌는 과정으로 이해하는 것이 타당하지 않을까.

4. 발표자는 전마구를 제작한 기술적 배경을 갑주 공인과 연계해서 본다. 토론자도 제작 기술적인 측면에서 양자가 깊은 관계가 있다고 생각하지만, 도입 문제와 연관해서는 전마구를 다른 마구와 분리해서 보지 않는다. 제작기술적 측면에서 전마구가 갑주와 연관되어 있다고 보는 구체적인 증거나 견해를 알려주면 좋겠다.

5. 마주 제작의 규격화를 언급하였는데, 특정 유물 특히 마주를 비롯한 마구의 규격화는 그 배후에 강력한 수용주체의 존재가 필요하고, 왜의 경우 왕권의 성립과도 직결될 정도로 중요한 문제이다. 마주(마갑)만으로 좁혀 보자면, 그러한 규격화가 말의 품종이나 사육 등의 문제와 깊은 연관성이 있을 것으로 생각되는데, 그 외에 어떤 의미를 가지며 이와 관련해서 앞으로 어떤 연구가 필요한지 발표자의 견해를 듣고 싶다.

3

4~6세기 중장기병 문화*의 유행과 신라·가야의 대응 전략

신광철 국립경주박물관

·········

* 국립국어원 표준국어대사전에서는 文化를 '자연 상태에서 벗어나 일정한 목적 또는 생활 이상을 실현하고자 사회 구성원에 의하여 습득, 공유, 전달되는 행동 양식이나 생활양식의 과정 및 그 과정에서 이룩하여 낸 물질·정신적 소득을 통틀어 이르는 말'이라고 정의하고 있다. 이에 본고에서는 4~6세기 동아시아에서 폭발적으로 유행하는 중장기병과 관련된 여러 속성들을 '중장기병 문화'로 일괄 지칭하고자 한다.

I. 서론: 중장기병이란?

중장기병(重裝騎兵)은 중기병(重騎兵), 개마무사(鎧馬武士),[1] 철기(鐵騎), 갑기(甲騎), 갑기구장(甲騎具裝), Heavy Cavalry, κατάφρακτοι, Cataphract 등 각 시기·지역별로 다양하게 지칭되었으며, 그 의미는 고대 그리스어 '카타프락토이'에서 알 수 있듯이 '완벽하게 무장한 자'라고 이해하면 적절할 것이다. 즉, 戰馬와 騎手 모두에게 갑주를 씌어 방어력을 극대화한 병종을 가리키는데 동서고금을 막론하고 상당히 긴 시간, 광범위한 지역에 걸쳐 다양한 형태로 등장한다. 하지만 중장기병은 일반적인 騎兵이 갖는 장점을 담보하지 못한 특수한 병종으로서 그럼에도 불구하고 특정 시점, 특정 지역에서부터 발생·파생했다는 특징이 있어 흥미롭다.

인류와 말의 관계는 B.C. 4,000년 후반으로 거슬러 올라간다. B.C. 4,200~3,700년경으로 편년되는 우크라이나 데레이브까 유적에서는 야생마가 아닌 사육마의 뼈가 확인되었다(Mallory 1989, 192-193).[2] 이는 말

....

1 　고구려 개마총의 '冢主着鎧馬之像'이라는 명문을 기준으로 고구려의 중장기병을 개마무사라고 부르기 시작한 것으로 추정된다. 한편, 武士라는 용어 자체가 정규 상비군인 軍·兵(soldier)과 달리 戰士(warrior)에 보다 가까운 의미를 가지고 있어 중장기병이라는 병종과 어울리는 표현도 아니다. 하지만 이미 널리 알려진 용어이며 용어의 적절성 문제는 본고의 주제와 다소 거리가 있기에 재삼 거론하지 않도록 하겠다.

2 　말뼈 분석 결과, 성숙(5~7살)한 수말에 집중된다는 점 때문에 이를 사육마가 아닌 암말과 망아지를 보호하려다가 도살된 종마(야생마)의 것으로 보는 견해가 있다(Levine 1990, 738-739). 이에 대해 데레이브까 유적에서 출토된 재갈멈치를 사육마의 존재와 연결시키기도 하지만(本村凌二 2005, 26) 재갈 때문에 닳은 것으로 보이는 말뼈의 방사성탄소연대 측정 결과가 B.C. 800~200년으로 나온 것(Anthony and Brown 2000)도 주목해야 한다. 즉, 제의용으로 말 사육이 이루어졌을 가능성은 있지만, 이를 騎馬의 흔적과 직접적으로 연결시키기에는 논란의 여지가 있는 셈이다.

[그림 1] 데레이브까 유적 출토 재갈멈치(本村凌二 2005, 26)

의례와 관련된 각종 흔적들과 밀접하게 연결되며, 이외에 우랄산맥 너머 동쪽의 수르탄다, 테르세크, 보타이문화 등 B.C. 3,500~3,000년으로 편년되는 여러 유적에서도 사육마들의 흔적이 다수 확인되었다(Kelekna 2019, 69-80). 이와 같은 남부 러시아 초원지대에서 시작된 말 사육 문화는 인도유럽어족의 주변 지역 확산과 맞물려 각지로 퍼져나갔다. B.C. 3,000년 전후로 유라시아에서는 기마술을 목축에 이용했고, B.C. 1,500년경 금속제 재갈의 사용과 함께 기마유목을 생업화한 기마민족이 등장하였다(Grousset 1998, 38-45). 중앙아시아 일대에서는 킴메리, 스키타이, 아시리아, 페르시아 등 여러 기마민족들이 국가를 건설하였으며, 동방의 유라시아에서도 융, 흉노, 동호 등으로 불리는 유목민족이 중국의 북쪽에서 勢를 키웠다.

당시 이들 기마민족의 기본 전술은 '속도'와 '기동성'을 이용해 적을 본진 깊숙이 유인한 뒤 적을 지치게 한 후 포위 섬멸하는 방식이었다.[3] 이는 마치 몰이사냥을 하듯이 사냥감을 포획하는 방식으로 유목민들이 어렸을 때부터 말 위에서 먹고 자면서, 목축과 사냥이 일상화된 삶이 곧 군사력으로 표출된 사례라고 할 수 있다.[4] 더불어 기마민족이 정주국가의 주민들처럼 도시나 건축물, 경작지나 각종 생산시설 등 정착지라고 할 만한 것에 구애받지 않았기 때

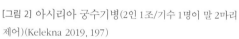

[그림 2] 아시리아 궁수기병(2인 1조/기수 1명이 말 2마리 제어)(Kelekna 2019, 197)

---

3 Herodotus, *The History* Book IV(http://classics.mit.edu/Herodotus/history.html)와 『史記』 참고.
   페르시아의 다레이오스는 다수의 보병과 함선을 이끌고 스키타이군을 쫓지만, 샘과 우물을 파괴하며 페르시아군의 식량 공급로를 차단한 스키타이군에게 결국 패퇴하게 된다. 漢 고조는 후퇴하는 흉노군을 쫓다가 역포위당해 백등산에서 7일간 버티다가 결국 굴욕적인 화친조약을 맺고 후퇴한다. 이러한 전술은 그 이후로도 자주 확인된다.
4 『史記』 卷110 「匈奴列傳」 第50, "(전략) 兒能騎羊, 引弓射鳥鼠, 少長則射狐兔, 用爲食. 士力能毌弓, 盡爲甲騎. 其俗, 寬則隨畜, 因射獵禽獸爲生業, 急則人習戰攻以侵伐, 其天性也."

문에 가능[5]한 일이었다.

강력한 기병 전력을 보유한 유목국가는 정주국가에 대한 약탈과 교역을 통해 견고해졌으며 정주국가에 대한 직접적인 정복보다는 정주국가와의 안정적인 관계 유지에 집중했다(Barfield 2009, 41-43). 이와 같은 기마유목민의 위협 또는 유목국가의 등장은 정주국가의 중앙집권화 및 거대 제국으로의 성장을 도우며 상호 공생 관계를 유지하게 해주었고(本村凌二 2005, 73-92),[6] 이러한 관계성은 이후 중장기병이라는 새로운 병종의 탄생에도 영향을 미치게 된다.

B.C. 6세기 중엽 스키타이로부터 투창 전술과 기마문화를 받아들인 페르시아는 B.C. 6세기~5세기 1/4분기에 짧은 투창(palta), 긴 활과 갈대로 만든 화살, 단검(akinakes)으로 무장한 경기병(Light cavalry)을 운용해 '치고 빠지는 전술(hit-and-run)'을 구사하였다. B.C. 5세기 2/4분기에는 제국의 서쪽으로부터 새로운 군사문화가 유입되면서 점차 기병의 중무장화가 진행되지만 여전히 투창을 주력으로 하는 경기병이 주력을 이룬다. 이후 밀집중장보병(Hoplites' phalanx)을 주력으로 하는 그리스와의 오랜 전쟁에 지친 페르시

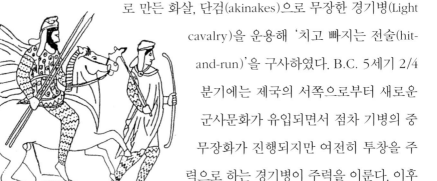

[그림 3] B.C. 4C 페르시아 기병대(Nefedkin 2006, 7)

5   Herodotus, *The History* book IV와『舊唐書』,『新唐書』참고.
     페르시아와 대립하던 스키타이인들은 도시나 경작지가 없었기에 페르시아인의 침입을 두려워하지 않았다. 다만, 그들 조상들의 무덤(쿠르간)은 소중히 여겼다. 한편,『구당서』와『신당서』에는 돌궐의 명재상 투뉴쿠크가 築城(정착생활을 의미)을 강력히 반대하고 있어, 동서고금을 막론하고 기마유목민들의 생활방식과 삶의 지표가 크게 다르지 않았음을 알 수 있다.
6   그와 반대로 유목국가와의 효율적이면서도 일원론적인 교류를 위해 한나라가 흉노제국의 중앙집권화를 원했으며, 그 때문에 막대한 물자를 제공했다고 보는 견해도 있다(Di Cosmo 2005). 한편, 10~13세기 송이 夏와 遼, 金 등에게 바친 세폐의 액수는 전쟁 비용의 1~2%, 송나라 1년 예산의 0.5%에 불과했으며 그렇게 빠져나간 세폐의 60% 이상은 국제무역을 통해 다시 송나라로 돌아왔다는 연구 결과(Yun 2005, 49)를 참고하면 정주국가 역시 유목국가와의 관계에서 '돈으로 산 평화'가 보다 안정적이면서도 유리한 환경이었음을 짐작할 수 있다.

아 전사들의 전력 저하를 방지하기 위해 B.C. 5세기 중엽부터는 중장기병 육성에 박차를 가하지만 왕실친위대 혹은 호족들의 親族 정도만 기본적인 갑주를 갖춰 입었을 뿐, 여전히 활 대신 투창을 갖추고 전투에 나섰다.[7] 훗날 다리우스 3세는 마케도니아의 정예기병대에 대항해 페르시아 기병대도 장창으로 무장시키지만 큰 소득을 거두지 못했고 B.C. 4세기 말까지 페르시아 기병대는 짧은 투창을 주 무기로 삼았다(Nefedkin 2006).

페르시아에서 기병의 중무장화가 진행되는 동안 지중해 너머 마케도니아에서도 변화가 일어난다. 필립 II세는 밀집중장보병이 주력으로 운용되던 당시 3,300명으로 구성된 정예기병대(Copanion cavalry/ʹεταιροι)를 육성한다. 이들은 쐐기대형을 이루어 보병이 사용하는 장창(sarissa, 4.5~5.5m)보다 짧은 장창(Xyston, 3m)을 들고 적 방진에 돌격하여 충돌 직전 창에서 손을 떼고 충돌 이후에는 한쪽 면만 날이 있는 칼(Kopis)을 들고 교전하였다. 안장과 등자 없이, 겁이 많은 말을 타고 적 방진에 돌격하기 위해 길이가 긴 장창으로 무장한 것인데(손경호 2018, 8-12), 이를 보면 마케도니아 중장기병대는 역사상 최초의 충격전술을 사용한 기병인 셈이다.

필립 II세가 육성한 중장기병대는 알렉산드로스의 지휘 아래 B.C. 331년 가우가멜라 전투에서 다리우스 3세가 동원한 스키타이의 중장기병대와 接戰하는데, 이때 스키타이 중장기병대의 갑주가 보다 두터웠다고 전한다.[8] 이를 보면 B.C. 6~4세기에 이르기까지 페르시아, 마케도니아, 스키타이 등 기마민족과 정주국가 사이에 끊임없는 문화 교류를 통해 다양한 형태로 중장기병이 육성·발전했음을 알 수 있다.

....

[7] Xenophon, *The Anabasis* Book I-VIII(https://en.wikisource.org/wiki/Anabasis)
B.C. 401년 묘사된 小키루스의 근위기병을 보면 전마와 기수 모두 흉갑과 투구를 착용하였으며, 투창과 함께 그리스식 단검(Hellenic swords)으로 무장하였다. B.C. 5세기 말까지도 페르시아 중장기병의 형태가 크게 변하지 않았음을 알 수 있다.

[8] Arrian, *The Anabasis of Alexander* Book III-XIII(https://www.gutenberg.org/files/46976/46976-h/46976-h.htm)

스키타이의 뒤를 이은 사르마트인들은 B.C. 3~2세기경 원뿔형투구를 쓰고 쇠미늘 갑주를 전마와 기수에게 입혔으며, 장창(Contus)으로 무장한 중장기병을 운용했다. 이들이 충격전술을 효과적으로 사용할 수 있었던 것은 최초로 전투 목적으로 쓸 수 있는 단단한 나무 안장을 고안해 냈기 때문이다(Grousset 1998, 55-57). 단, 사르마티아의 중장기병은 고도로 증가한 방호력을 얻은 대신에 기마에 필수적인 유연성은 갖추지 못했다(Kelekna 2019, 341).

알렉산드로스 사후 페르시아 지역 대부분을 차지했던 셀레우코스 제국의 안티오코스 3세는 기존의 정예기병대에 주변 지역에서 차용한 중장기병 요소들을 더하였으며, 그 뒤를 이은 파르티아 역시 중장기병을 운용했다. 파르티아의 중장기병은 뾰족한 투구를 쓰고 전마와 기수 모두 쇠비늘 갑주를 입었으며, 두 손으로 긴 창을 잡고 돌격하는 충격전술을 사용하였다. B.C. 53년에 벌어진 카르헤(Carrhae) 전투에서 파르티아군은 4m 이상의 장창과 철퇴, 장검으로 무장한 1천의 중장기병과 9천의 궁기병, 낙타 1천 마리와 수레 200여 대로 구성된 보급부대를 이끌고 4천의 기병, 3~4만의 보병으로 구성된 로마군을 궤멸시킨다. 이때 파르티아의 중장기병은 충격전술과 騎射가 모두 가능하였으며, Cantabrian circle·Parthian shot 전술로 로마군을 괴롭혔다.[9]

뒤이은 사산조 페르시아 역시 중장기병을 운용하였으며, 3세기 이후에는 로마군 역시 중장기병을 다수 운용하였다. 당시 로마군은 말의 전체를 마갑으로 가린 기병을 클리바나리(Clibanarii), 말의 앞부분만 가리거나 마갑이 없는 기병은 카타프락타리(Cataphractarii)라고 불렀다. 말이 풍부했던 파르티아 및 이란 고원의 여타 기마민족과 달리 로마군은 말이 풍부하지 못했고, 갑주로 인해 받는 열 압박을 해소하기 위해 습관적으로

....

9   Plutarch. *Life of Crassus*, 20.1~31.7.(http://penelope.uchicago.edu/Thayer/E/Roman/
     Texts/Plutarch/Lives/Crassus*.html)

완전 무장하지는 않았다. 대신 스키타이로부터 받아들인 안장을 개량하였고, 게르만족에게서 받아들인 쇠편자를 사용했으며, 이 시기 수의학의 보급과 함께 품종 개량을 위한 모든 조치가 취해졌다. 그리고 유목집단을 정벌하여 그 기병 전력을 징발하는가 하면, 각지에서 징발한 말을 비옥한 목초지에서 기르고, 전투를 위한 다양한 훈련을 실시하였다.

4세기 무렵 훈족으로 대표되는 유목민의 거대한 물결이 유럽을 강타하였고, 그들의 지도자인 아틸라 사후 훈족이 해체되면서 비잔틴인들은 훈족의 군대를 편입해 기병 전력을 강화하였다. 그 덕분에 비잔틴은 쇠사슬갑옷(Chain mail)을 두르고 창과 칼, 안장 위에서 쏠 수 있는 훈족의 복합궁으로 무장한 중장기병을 육성할 수 있었고, 6세기 무렵 유럽을 침공한 아바르족의 공격을 여러 차례 막아낼 수 있었다. 이때 아바르족이 가져온 금속 등자는 비잔틴뿐만 아니라 프랑크와 유럽 각지로 퍼져나갔고, 이전 시기의 사르마트인, 파르티아인보다 안정적인 중장기병 운용이 가능해졌다(Kelekna 2019, 337-356).

동유럽과 이란 지역에서의 중장기병 운용은 말 중에서 가장 빠르고 강인하다는 아라비아말을 탄, 이슬람교도의 팽창과 더불어 7세기경 종말을 고한다. 하지만 아바르족을 통해 금속 등자를 받아들인 프랑크족은 8세기경 도리어 아바르족을 정복한다. 180kg이 넘는 거대한 몸집의 프랑크족 말과 기사를 전부 가리기 위한 갑주, 방패, 깃발 문장 도안이 함께 발전했으며, 프랑크족 기사는 창을 비스듬히 겨누고 밀집해 돌진(Couched lance charging)함으로써 전례 없는 파괴력을 발휘할 수 있게 되었다(White 1962, 1-33).

동아시아에서 가장 이른 시기의 馬冑는 서주~춘추 조기로 편년되는 여러 무덤에서 출토된 동제·금제 볼장식판에서 그 기원을 찾을 수 있다. 다만, 두께 1mm 내외의 매우 얇은 동·금판을 사용한데다가 양 볼만 가릴 뿐 정면에는 별도의 금속판이 없기 때문에 實戰用이라기보다는 볼장식판에 가깝다.[10] 다만, 충평원 거마갱 K1 출토품은 4매의 동판을 연결하여 말 얼굴 전체를 덮고 있어 최초로 마주의 형태를 갖추고 있다고 할 수 있다. 그밖에 모가평유적(춘추 중기)의 거마갱 K201에서 칠피 마주와 마갑이 확인되었고, 하사초묘 M2호(춘추 만기)에서 칠피 위에 금박 장식을 부착한 마갑 등이 확인되었다(이현우 2020, 149-153).

한편, 전국시대 초기(B.C. 433) 증나라의 군주 을의 무덤(曾侯乙墓)에서 마주·마갑이 조사되면서 전국시대 마갑주의 기본 형태와 구조를 파악할 수 있게 되었다. 가죽제의 마주는 겉과 속은 균일하게 검붉은 색의 칠(髹黑漆)이 칠해져 있으며 그 상면에는 주홍색, 황금색 등의 문양이 그려져 있었다. 마갑은 비록 보존상태가 완전하지 않았지만 붉은색 갑옷, 그림이 그려진 갑옷, 옻칠갑옷, 흰색 갑옷 등 여러 종류가 확인되었다. 한편, 전국시대 중기(B.C. 322~316)로 편년되는 包山 楚墓에서 車馬에 씌우는

[그림 4] 포산 초묘 출토 마갑복원도(左)와 진시황릉원 내 배장갱 출토 석제 마갑 복원도(右)(楊泓 2005, 63, 112)

....

10　　상나라 후기 洋西張家坡유적 2호 차마갱 1호 車馬, 서주시대 산동 膠县 西庵유적에서 확인된 車馬를 보면 馬面을 감싸고 있는 청동제 재갈의 흔적을 확인할 수 있다. 馬面을 전체적으로 감싸고 있지만 기본적으로 馬冑와는 차이가 있고, 장식성이 강조된 재갈의 한 형태로 이해하는 것이 적절하다(楊泓 2005, 54-56).

마주와 마갑 일체가 출토됨에 따라 전국시대 마갑을 복원할 수 있게 되었다(杨泓 2005, 54-63).

그 밖에 진시황릉원 내 대형 배장갱에서는 석제 마갑 1구가 출토되었는데 이 역시 전차용 전마의 것으로 보인다(始皇陵考古队 2001). 이를 보면 B.C. 5~3세기경 가죽으로 만든 미늘갑옷과 갑주로 무장한 車馬가 중국에서도 등장하며, 이러한 전차용 전마가 훗날 중장기병으로 자연스럽게 이어졌다고 보는 것이 적절할 것이다(袁仲一 2002).

앞서 살펴봤듯이 흉노의 풍습을 서술한 중국 사료(『史記』, 『漢書』)를 보면 '흉노의 남자는 활을 당길 수 있게 되면 甲騎가 된다(士力能彎弓, 盡爲甲騎)'고 적고 있다. 가장 이른 시기의 문헌기록인데 여기에서 '갑기'를 말의 일부 또는 대부분을 갑옷으로 보호한 중장기병의 한 형태로 볼 수도 있지만, 앞의 문구를 통해 정예 궁기병을 지칭하는 용어로도 볼 수 있겠다. 중국에서 가장 이른 마갑의 기록은 동한 말기(1세기 초)에 등장하지만[11] 尹湾汉墓에서 출토된 '武库永始4年兵车器集簿' 木牍을 보면 기원전 1세기(B.C. 13)에 이미 갑옷[铠]을 뜻하는 '具裝'이라는 표현이 등장해 서한 말기부터 마갑을 인지하고 있었다고 봐도 무방할 것 같다(刘斌 2007, 29). 이상의 사실들을 검토해보면 B.C. 1~A.D. 1세기 무렵 한나라와 북쪽의 흉노에도 마갑을 갖춘 중장기병이 존재했을 가능성은 있으나, 그보다는 전차 또는 경기병의 비율이 높았던 것으로 판단된다.[12]

동아시아에서 중장기병의 등장은 대체로 오호십육국 또는 위진남북조 시기로 알려진 4~6세기경으로 알려져 있지만 한나라 말기~삼국시대에 이미 그 시원이 될 만한 흔적들이 보인다. 『後漢書』에는 2세기 중후반

....

11 『後漢書』卷29 「列傳」第19 〈鮑永〉, "(전략) 永疑其詐, 諫不聽而出, 興遂駕往, 永乃拔佩刀截馬當匈, 乃止."

12 B.C. 1~A.D. 1세기는 고고학적으로 흉노의 고분이 집중적으로 확인된 시기인데, 중장기병과 관련된 마갑의 흔적은 확인되지 않고 있다(양시은·G.에렉젠 2017). 현재까지 조사된 유적만으로 당대사를 전부 파악하는 것은 무리가 있지만, 북흉노·남흉노의 문헌상 묘사와 고고자료 간 불일치를 감안한다면 섣불리 단정 짓는 것도 지양해야 할 것이다(강인욱 2010, 6-7).

'유주와 기주에서 개마가 생산된다'는 채옹의 발언이 기록되어 있으며,[13] 건안 4년(199) 공손찬이 철기 5천을 거느리고 있었다는 기록이 나온다.[14] 『軍策令』을 보면 관도대전(200) 당시 조조가, 원소는 마갑 3백 구를 갖추었지만 자신은 10구밖에 없다며 전력의 차이를 한탄하는 대목이 나오고,[15] 건안 16년(211) 조조가 마초와 한수를 토벌할 때에는 철기 5천으로 10중의 陣을 만드니 광채가 해처럼 빛나 적들이 크게 놀라고 두려워했다고 한다.[16] 황초 연간(220-221)에는 둔황 지역의 장공이 조조의 관속을 맞이할 때 철기 200기를 동원했다는 기록이 나오며,[17] 가평 2년(250) 조위의 왕창이 동오의 강릉성을 공격할 때 鎧馬甲首, 즉 마갑과 마주를 얻었다는 기록[18]이 있어 둔황 지역 또는 강남 지역에서도 개마·철기의 존재를 인지하고 있었음을 알 수 있다.

이처럼 동아시아에서도 기원전부터 이어진 군사기술의 발전과 맞물려 3세기 초에는 각지에서 여러 형태의 중장기병이 존재했음을 알 수 있다. 이와 맞물려 『三國史記』를 보면 246년 毌丘儉 침입 시 고구려 동천왕이 鐵騎 5천을 거느렸다는 기록도 있다.[19] 이를 두고 '철기'를 단어 그대

....

13   『後漢書』卷60下「列傳」第50下〈蔡邕〉, "邕上疏曰: 「伏見幽, **冀舊壤, 鎧馬所出**, 比年兵飢, 漸至空耗. (후략)"

14   『後漢書』卷73「列傳」第63〈劉虞公孫瓚陶謙〉, "瓚乃密使行人齎書告續曰: 「昔周末喪亂, 僵屍蔽地, 以意而推, 猶為否也. (중략) 且厲**五千鐵騎**於北隰之中, 起火為應, 吾當自內出, 奮揚威武, 決命於斯. 不然, 吾亡之後, 天下雖廣, 不容汝足矣.」"
      이 철기 5천이 '백마의종'을 가리키는 것인지, 아니면 별도의 부대인지 혹은 정예기병을 가리키는 명칭인지는 불확실하다.

15   『太平御覽』卷356「魏武軍策令」, "袁本初鎧萬領, 吾大鎧二十領, **(袁)本初馬鎧三百具, 吾不能有十具**, 見其少逐不施也. 吾遂出奇破之."

16   『三國志』卷1「魏書」第1〈武帝紀〉, "(전략) 公笑謂賊曰: 「汝欲觀曹公邪?亦猶人也, 非有四目兩口, 但多智耳!」 胡前後大觀, **又列鐵騎五千為十重陳, 精光耀日**, 賊益震懼."

17   『三國志』卷18「魏書」第18〈二李臧文呂許典二龐閻〉, "恭卽遣從弟華攻酒泉沙頭, 乾齊二縣. 恭又連兵尋繼華後, 以為首尾之援, 別遣**鐵騎二百**, 迎吏官屬. 東緣酒泉北塞, 徑出張掖北河, 逢迎太守尹奉."

18   『三國志』卷27「魏書」第27〈徐胡二王傳〉, "(전략) 乃先遣五軍案大道發還, 使賊望見以喜之. 以所獲**鎧馬甲首**, 馳環城以怒之, 設伏兵以待之."

19   『三國史記』卷17「高句麗本紀」第5〈東川王〉, "20年, (전략) 王謂諸將曰, 「魏之大兵, 反不如我

로 중장기병으로 보는 견해(이인철 2000, 247-283; 이홍두 2013)와 '정예기병'이라는 의미로 보고 고구려의 철기 운용을 4세기 초~중반으로 늦춰보는 견해(余昊奎 1999, 65; 정동민 2008, 385)[20] 등이 있다. 중국의 사례를 살펴봤을 때 만약 이 역시 중장기병을 지칭하는 용어로 이해한다면 말 全身을 갑주로 감싼 형태였는지 여부는 고민해 볼 필요가 있을 것이다.

화북지역의 모용선비(전연-후연)와 만주지역의 고구려가 요동을 두고 각축전을 벌였던 4세기를 지나 중원 지역에 남북조가 안정적으로 영역을 확보하고 고구려와 함께 세력 균형을 이루게 되는 5~6세기가 되면 동아시아 각국은 다수의 중장기병을 운용하기에 이른다. 그 과정에서 고구려와 우호적인 관계에 있던 초원 지역의 유연을 통해 고구려의 개마 및 철제병기가 유입되었을 개연성이 높다. 하지만 6세기 중반 이후 7세기가 되면 국제 정세가 급변한다. 중장기병을 주력으로 삼았던 유연이 신흥 유목집단인 돌궐에게 멸망당하고, 마찬가지로 약 10만 명의 중장기병을 보유했던 수나라가 고구려 침공에서 실패한 뒤[21] 경기병을 주력으로 삼은

....

之小兵, 毋丘儉者, 魏之名將, 今日命在我掌握之中乎.」**乃領鐵騎五千, 進而擊之**, 儉爲方陣, 決死而戰, 我軍大潰, 死者一萬八千餘人. 王以一千餘騎, 奔鴨淥原."

20 정동민은 당대 이후 중장기병이 쇠퇴함에 따라 '철기'라는 용어가 '말에게 갑옷을 입힌 기병'이라는 의미 대신 '정예기병'이라는 의미만 갖게 되었다고 보았다. 즉, 『삼국사기』는 이미 철기라는 용어가 바뀐 12세기에 쓰였기 때문에 기록에 나오는 철기를 있는 그대로 해석하기 곤란하다는 입장이다(2017, 21-22). 하지만 해당 기사가 원사료를 그대로 취신한 것인지, 「고구려본기」 찬자가 재편집하는 과정에서 12세기의 시각에서 작성한 것인지 여부는 불분명하다.

21 『隋書』卷4「帝紀」第4〈煬帝〉下, "(전략) 左第一軍可鏤方道, 第二軍可長岑道, 第三軍可海冥[冥海]道, 第四軍可蓋馬道, 第五軍可建安道, 第六軍可南蘇道, 第七軍可遼東道, 第八軍可玄菟道, 第九軍可扶餘道, 第十軍可朝鮮道, 第十一軍可沃沮道, 第十二軍可樂浪道. 右第一軍可黏蟬道, 第二軍可含資道, 第三軍可渾彌道, 第四軍可臨屯道, 第五軍可候城道, 第六軍可提奚道, 第七軍可踏頓道, 第八軍可肅道, 第九軍可碣石道, 第十軍可東睋道, 第十一軍可帶方道, 第十二軍可襄平道. (중략) 總一百一十三萬三千八百, 號二百萬, 其饋運者倍之. 癸未, 第一軍發, 終四十日, 引師乃盡, 旌旗千里. 近古出師之盛, 未之有也."
『隋書』卷8「志」第3〈禮儀〉, "(전략) 每軍大將, 亞將各一人. 騎兵四十隊. 隊百人置一纛, 十隊爲團. 團有偏將一人. 第一團, 皆青絲連明光甲, **鐵具裝**, 青纓拂, 建狻猊旗. 第二團, 絳絲連硃犀甲, **獸文具裝**, 赤纓拂, 建貔貅旗. 第三團, 白絲連明光甲, **鐵具裝**, 素纓拂, 建辟邪旗. 第四團, 烏絲連玄犀甲, **獸文具裝**, 建纓拂, 建六駁旗. (후략)"
『수서』에는 고구려 침공 당시 수나라 24군(좌우 각12군)의 편제와 규모에 대해 자세히 서술

당나라가 패권을 잡았다.

돌궐에게 패퇴한 유연은 금속 등자를 남부 시베리아에 전파하며 아바르라는 이름으로 역사에 재등장하게 되고, 7세기를 기점으로 동서양에서 중장기병은 주력에서 밀려나지만, 서유럽에서는 기사로 대표되는 중장기병을 등장시켰다(강인욱 2006). 이처럼 동서양의 중장기병은 발생과 도입·전파 시점, 도입 원인과 발전 과정 등 여러 부분에서 차이점이 있지만, 동서양의 군사문화 교류가 활성화됨에 따라 점차 발전할 수 있는 최상의 상태로 나아가게 된다. 그러면서 무장의 형태나 구성, 전술적인 부분에서 완성도를 높였고, 서유럽과 같은 특수한 경우를 제외하면 전장에서 사라지는 계기와 시점 또한 비슷했다.

이처럼 동서양 중장기병의 역사에 대해 대략적으로 살펴보면 다음과 같은 몇 가지 특징들이 看取된다.

첫째, 기병이 갖는 최대 장점인 '속도'라는 측면에서 볼 때 중장기병은 그 장점을 포기하고 극도로 '방호력'에 집중한 병종이다. 다만 방호력이 증가하게 된 계기나 발전 과정 등은 각 지역별로 차이가 있다. 특히 마주가 전마의 전체를 보호하는지, 일부(정면)만 보호하는지에 따라 지역·시기별로 차이가 있으며, 여러 형식의 중장기병이 동시기·동일 지역에서 운용되기도 하였다.

둘째, 중장기병이 장창을 이용한 충격전술을 사용하기도 하였지만, 여전히 기병 고유의 '기동력'에 기반을 두어 投射형 무기(투창, 손도끼, 활과 화살 등)를 사용하기도 하였다. 혹은 그 두 가지 전술이 모두 가능하기도 했다. 이는 중장기병의 무장 차이와도 상관이 있으며, 상대측 병종(기

....

하고 있다. 한편, 각 군마다 기병 40대가 배치되어 있는데 100명 규모의 1隊 10개가 모여 1團을 구성했다. 그리고 각 군마다 4개 단이 배치되었음을 알 수 있다. 그런데 4개 단 중 2개 단은 철제갑주를 장착한 중장기병(鐵具裝), 2개 단은 유기질제(가죽 등) 갑주를 장착한 중장기병(獸文具裝)이라고 적고 있다. 즉, 각 군마다 중장기병 4,000명이 배치되었으므로 고구려 침공 시 출전한 모든 기병(96,000명)이 중장기병이었음을 알 수 있다.

병 혹은 보병 여부)의 차이와도 상관이 있다.

셋째, 안장과 등자가 개발되기 이전에도 중장기병은 충격전술을 사용하였지만, 개발 이후에는 그 파괴력이 전례 없을 만큼 증가하였다. 하지만 발전된 안장과 등자를 갖추고 있다고 하여 해당 중장기병이 충격전술을 필수적으로 사용했다고 볼 수는 없다. 더불어 등자의 유무가 반드시 중장기병의 유무와 동일시되지도 않는다.

넷째, 중장기병이 운용되던 시점에도 여전히 경기병의 활용도는 높았으며, 전체 기병의 비율상으로도 중장기병은 경기병보다 적었다. 더불어 중장기병은 경기병과 달리 독자적인 작전이 거의 불가능하기에 보병 및 경기병과의 보조가 필수적이었다. 즉, 중장기병의 운용 범위는 상당히 제한적이었다.

다섯째, 중장기병은 유지비(전마와 마갑의 유지·보수 등)가 많이 들고, 운용을 위한 기본적인 투자비(훈련 기간과 훈련 인원의 한계 등) 역시 지극히 높다. 특히 예비 전마를 어느 정도 규모로 보유하고 있는지에 따라 중장기병의 활용도가 달라지는데, 이는 해당 국가의 국력(경제력) 및 전마 확보가 가능한 환경 등과 직결되는 사안인 만큼 중장기병의 효율성과 함께 반드시 살펴봐야 할 부분이다.

이상 중장기병에 대한 몇 가지 특징들을 기반으로 II장에서는 4~6세기 무렵 동아시아에서 폭발적으로 증가하는 중장기병 문화에 대해 살펴보고, III장에서는 한반도 남쪽의 신라·가야가 중장기병 문화와 접촉했을 때 이를 어떻게 인지하고 대응했는지 살펴보도록 하겠다. 특히 중장기병 문화가 지역별·시기별로 차이를 보이는 만큼 한반도 남부의 신라·가야가 어떤 과정을 겪었는지 검토할 필요가 있다. 또한 군사편제와 병종은 그 지역의 자연 환경과 밀접한 연관이 있기 때문에 한반도 남쪽의 두 나라 사이에서도 어떤 유사점과 차이점이 있는지 살펴본다면, 양국의 기병 전력, 더 나아가 국력과 군사력, 군사전략 비교에도 도움이 될 것이라고 생각한다.

II. 4~6세기 동아시아 중장기병 문화의 유행

B.C. 3세기 말 무렵, 백등산에서 한 고조를 포위한 흉노의 기병은 40만에 달했으며,[22] B.C. 2세기 흉노와 수십 년간 전쟁을 벌였던 한나라 역시 10만 이상의 기병을 동원한 바 있다.[23] 함양 楊家灣漢墓에서 출토된 병마용을 기준으로 봤을 때 전한 기병은 진나라의 제도를 그대로 이어받았음을 알 수 있다. 전마는 마갑을 장착하지 않았으며, 기수는 활동하기 편하게 가슴과 등, 허리만 보호하는 갑옷을 착용하였다. 동한 시기에 등장하는 높은 안장, 서진 시기에 등장하는 등자는 보이지 않으며, 戟과 矟, 劍楯, 刀楯뿐만 아니라 弓矢와 弩 등으로 무장하였다(楊泓 2005, 137-138). 이를 보면 전한과 흉노 등은 경기병을 주력으로 삼았으며, 당시 중장기병의 존재가 확인된다 하더라도 이는 특수한 상황이었음을 알 수 있다.

후한 이후 삼국시대의 혼란기에도 중원 지역에서 기병은 꾸준히 운용되었고, 흉노의 뒤를 이은 오환, 선비 역시 다수의 기병을 운용하였다. 특히 이 시기 중원에서는 원소와 공손찬, 공손도, 조조 등 河北을 터전으로 삼았던 군웅들의 기병 운용도가 상당히 높았는데,[24] 오환과 관련성이 깊다는 점이 특징이다. 당시 중원 또는 유목민족들도 개마의 존재를 인지하고 있

....

22 『史記』卷110「列傳」第50〈匈奴〉, "(전략) 於是漢悉兵, 多步兵, 三十二萬, 北逐之. 高帝先至平城, 步兵未盡到, 冒頓縱**精兵四十萬騎**圍高帝於白登."

23 『史記』卷110「列傳」第50〈匈奴〉, "(전략) 其明年(B.C. 119) 春, 漢謀曰「翕侯信為單於計, 居幕北, 以為漢兵不能至」, 乃粟**馬発十萬騎**, (負)私[負]從馬凡十四萬匹."

24 원소는 답돈을 오환선우로 임명하는 등 오환과 밀접한 관계를 맺어왔으며, 이는 훗날 원상의 지지기반으로 확고하게 자리매김하였다. 원소는 300기의 중장기병을 포함한 1만의 기병대를 보유하고 있었고, 원소 휘하의 견초는 烏丸突騎를 통솔하기도 하였다. 공손찬은 白馬義從이라고 불리는 수천의 경기병대를 운용하였는데 오환족이 두려워하는 존재였으며, 공손도는 요동에서 세력을 키우면서 3만의 보병과 1만의 기병으로 중원을 공격하려는 야심을 품기도 하였다. 마지막으로 조조는 虎豹騎라고 불리는 친위기병대를 운용했는데, 원소 및 오환과의 싸움에서 맹활약하였다. 한편, 마초·한수와의 전투에서도 활약한 것을 보면 호표기 편제에는 경기병뿐만 아니라 중장기병도 일부 포함되었을 가능성이 있다.

었지만, 실용적인 병기보다는 위세품으로서의 성격이 보다 강했다. 조조가 조식에게 하사한 선물에 1領의 마갑이 포함된 점,[25] 서진 초기 사마염이 노흠에게 관직을 제수하면서 하사한 물품에 개마가 포함된 점[26] 등을 보면 중장기병 발생 초기에 개마의 성격과 위상이 어떠했는지 짐작할 수 있다.

이후 삼국시대가 종식되고 서진이 들어서지만 8왕의 난을 기점으로 주변의 기마유목민족이 중원 內地로 유입되기 시작한다. 서진을 멸망시키고 오호십육국 시대를 연 劉淵은 남흉노의 후손이었는데 이를 시작으로 이후 200여 년간 기마민족이 중원 각지로 유입되어 세력을 확장시키기에 이른다. 그리고 중원의 우수한 철제 기술과 결합한 雙鐙이 개발되고, 이는 곧 중장기병이라는 新병종의 등장에 적지 않은 영향을 끼치게 되었다.[27]

중국 사서에 鎧馬라는 표현이 본격적으로 등장하는 것도 이 시기인데, 당시 문헌을 살펴보면 개마를 착용한 중장기병의 숫자가 수천~수만 단위임을 알 수 있다. 후조의 석륵은 단선비를 격파하면서 개마 5천 필(312),[28] 기담을 격파하면서 개마 1만 필(316)을 획득[29] 했다고 하며, 후진

....

25 『太平御覽』卷356「曹植表」, "曹植表曰:「先帝賜臣鎧, 黑光, 明光各一具. 兩當鎧一領, 炎錬鎧一領, **馬鎧一領**. 今世以昇平, 兵革無事, 乞悉以付鎧曹自理.」"

26 『晉書』卷44「列傳」第14〈盧欽〉, "武帝受禪, 以爲都督沔北諸軍事, 平南將軍, 假節, 給追鋒軺臥車各一乘, 第二駙馬二乘, **騎具刀器, 御府人馬鎧等**, 及錢三十萬."

27 초기(3세기 후엽~4세기 중엽) 등자는 한족 지역 귀족들이 말에 손쉽게, 안정적으로 올라타기 위해 발생한 것으로서 단등으로 발생하였다. 4세기 중엽~말이 되면 마구에 장식용 마구가 증가하다가 4세기 말~5세기 중엽 이전에는 마구가 실용적으로 변화하기 시작한다. 이후 5세기 중엽~6세기가 되면 등자의 병부가 짧아지고 답수부가 평평해지게 되는데, 한족 지역에서 전래된 등자는 반농반목의 선비족에게 전파되어 쌍등으로 개선된 뒤 각지로 확산되었다(孫璐 2009).

28 『資治通鑑』卷88「晋紀」第10,〈永嘉6年(312)〉, "(전략) 萇攻末杯逐之, 入其壘門, 爲勒衆所獲, 疾陸眷等軍皆退走. 萇乘勝追擊, 枕屍三十餘裏, **獲鎧馬五千匹**. (중략) 複以**鎧馬**金銀略勒, 且以末杯三弟爲質而請末杯."
『晉書』卷39「列傳」第9〈王沈〉, "(전략) 勒質末杯, 遺閒使求和, 疾陸眷遂以**鎧馬二百五十四**, 金銀各一簏贖末杯, 結盟而退."
단선비 측은 석륵에게 개마 250필을 화친의 선물로 제공할 정도로 여분의 개마를 다수 보유하고 있었는데, 개마가 여전히 귀중품의 하나로서 사여된 것은 맞지만 이전에 비해 수량이 크게 증가한 만큼 그 성격 또한 변화했다고 봐야 할 것이다.

의 요흥은 서진의 걸복건귀를 격파한 뒤 개마 6만 필(400)을 노획[30] 했다고 한다. 심지어 의희 6년(410)에는 동진의 유유가 남연을 향한 북벌 도중 광동 지역에서 노순의 반란이 일어나자, 선비족 중장기병[虎班突騎] 1천 기를 파병하기도 한다.[31] 이를 보면 당시 화북 지역에서 활약했던 여러 기마유목집단 중 특히 선비족이 중장기병을 집중적으로 육성·운용했음을 알 수 있다.

이처럼 삼국시대(3세기 초중반)만 해도 개마의 숫자가 극히 적었고 위세품의 하나로 취급되었는데, 그로부터 1세기도 채 안 되는 짧은 시간 안에 폭발적으로 중장기병의 규모가 증가하였다. 더불어 개마가 高價의 전략물품이었던 점[32] 을 고려했을 때 그럼에도 불구하고 갑자기 중장기병이 급증하게 된 이유는 과연 무엇이었을까?

현재 중장기병의 발생 원인에 대해서는 크게 두 가지 견해가 있다.

먼저 중원을 지배한 기마민족이 자신들보다 압도적으로 많은 숫자의 한족을 기병 전력으로 활용하기 위해 육성한 병종이라는 견해가 있다. 徐榮敎는 중국에 정착한 유목민들이 경기병으로는 현지에서 효력을 발휘할 수 없었을 것이라는 金斗喆의 견해(2000, 305)를 비판하면서 기수의 역량에 주목해야 한다고 보았다. 즉, 유목민이 중국에 정착하여 여러 세대가 흐르면서 기마술의 퇴보는 막을 수 없었으며, 이를 만회하기 위하여 重裝을 택했다는 것이다. 더불어 중장기병도 騎射가 가능하지만 기사에

....

29 『資治通鑑』卷89「晋紀」第11,〈建興4年(316)〉, "(전략) 勒前後夾擊澹軍, 大破之, **獲鎧馬萬計**."

30 『晉書』卷117「載記」第17〈姚興(上)〉, "(전략) 興潛軍赴之, 乾歸敗走, 降其部衆三萬六千, **收鎧馬六萬匹**."

31 『宋書』券1「本紀」第1〈武帝(上)〉, "使寧朔將軍索邈領**鮮卑具裝虎班突騎**千餘匹, 皆被練五色, 自淮北至於新亭.

32 『資治通鑑』卷88「晋紀」第10,〈永嘉6年(312)〉, "(전략) 孔萇等三十餘將請各將兵, 分道夜攻壽春, 斬吳將頭, 據其城, 食其粟. 要以今年破丹楊, 定江南. 勒笑曰:「是勇將之計也!」各**賜鎧馬一匹**."
석륵이 건업을 공격하려던 시점의 기사를 보면, 다수의 중장기병이 화북 각지에서 운용되었다고 하더라도 여전히 중장기병은 하사품의 하나로 언급될 정도로 高價의 전략 물품이었음을 알 수 있다.

대한 숙련도가 떨어짐에 따라 창을 들고 대열을 이루어 돌진하는 매우 단조로운 전술을 구사하게 되었다고 본 것이다. 즉, 그는 당시 중장기병의 운용은 차선이지 최선은 아니었으며, 오히려 기마술 혹은 기마궁술에 대한 자신감 부족을 스스로 폭로한 결과물로 해석했다(2004, 356-357).

하지만 이미 기원전부터 북방의 유목집단과 지속적인 접촉을 해왔던 중원에서 기마문화가 확산되면서 중원인의 기마술이 발전했던 상황을 감안한다면 화북 지역으로 진출한 유목민의 기마술이 시간이 지날수록 퇴보했다고 볼 수 있을지 의문이다. 조 무령왕이 胡服騎射를 과감하게 채택한 이후(B.C. 307)[33] 중원에서는 기마문화를 비롯한 유목문화가 다수 유입되었으며, 6국을 통일해 최초의 통일왕조를 세운 진(B.C. 221)은 말이나 가축 사육에 탁월한 능력이 있던 嬴族에 기반을 두었다.[34] 전한 시기(B.C. 50) 현량은 당시 사회를 비판하기를 '말 1마리를 기르는 데 중류층의 여섯 식구가 먹는 곡식이 들고 성인 남자 1명의 인력이 소모됨에도 불구하고 말갈기에 장식을 하고 말굽에 징을 박은 말을 타며 부자들은 2~3마리 말이 끄는 수레를 타고 다닌다.'고 하였다.[35] 이를 보면 호복기사가 채택되었을 때의 강력한 반대 여론과는 달리 전한 시기에는 말이나 수레를 타고 다니는 사람들이 많았으며, 유목민이 아님에도 불구하고 한족의 기마술이 크게 뒤떨어지지 않았음을 알 수 있다.[36]

....

33 『戰國策』卷19「趙策」第2 참고.

34 『史記』卷5「秦本紀」, "(전략) 大費拜受, 佐舜調馴鳥獸, 鳥獸多馴服, 是爲柏翳. 舜賜姓嬴氏. (중략) 非子居犬丘, 好馬及畜, 善養息之. 犬丘人言之周孝王, 孝王召使主馬于汧渭之閒, 馬大蕃息. (중략) 使復續嬴氏祀, 號曰秦嬴."

35 『鹽鐵論』卷6「散不足」第29, "古者, 諸侯不秣馬, 天子有命, 以車就牧. 庶人之乘馬者, 足以代其勞而已. 故行則服桅, 止則就犁. 今富者連車列騎, 驂貳輜軿, 中者微輿短轂, 繁髦掌蹄. 夫一馬伏櫪, 當中家六口之食, 亡丁男一人之事."

36 『宋書』卷77「列傳」第37〈柳元景傳〉, "(전략) 安都怒甚, 乃脫兜鍪, 解所帶鎧, 唯著絳衲兩當衫, **馬亦去具裝**, 馳奔以入賊陣, 猛氣咆勃,所向無前, 當其鋒者, 無不應刃而倒. 賊忿之, 夾射不能中, 如是者數四, 每一入, 衆無不披靡."
송의 장수 설안도의 사례를 보더라도 남조 측의 중장기병 운용이나 기마술이 북조 측과 큰 차이가 없었음을 알 수 있다.

[그림 5] 奔馬像(後漢, 2~3世紀, 靑銅, 甘肅省博物館)(洪善杓 2001, 103)

이는 미술 작품에서도 확인된다. 전한 시기의 무덤 부장품, 고분벽화, 화상전 등을 보면 天馬圖를 비롯해 파르티안 사법을 표현한 騎馬狩獵像, 車馬出行像, 騎馬出行像이 다수 확인된다. 이러한 전통은 후한 시기까지 이어지지만 전쟁, 경작 등 이전과 달리 다양한 도상 양식이 등장한다는 점, 속보의 側對步像, 奔馬像, 捻體形 등 새로운 도형이 성립된다는 점이 차이난다. 특히 중량감 넘치는 육중한 몸체와 가는 다리의 경쾌한 동세의 대비는 이 시기 말 화상의 특징과 준마의 이미지를 잘 보여준다(洪善杓 2001, 80-129). 광무제는 말 감식안에 뛰어난 능력을 지녔던 馬援이 만든 높이 3척 5촌, 길이 4척 4촌의 청동마를 '馬式', 즉 명마의 표준형상으로 선포하고 宣德殿 아래에 두기까지 하였다.[37] 이를 보면 당시 중원의 한족들이 말과 기마문화에 상당한 조예가 있었음을 알 수 있으며, 이러한 문화상은 위진남북조 시대까지 지속되었다.

다른 하나는 중원에서 만든 강력한 對기병용 무기인 쇠뇌[弩]의 등장에 방어력을 압도적으로 증강시키기 위해 기마민족이 등자를 도입함과 동시에 육성한 병종이라는 견해가 있다. 즉, 이미 뛰어난 기마술을 보유한 기병 전력을 확보한 상태에서 중원 군대가 운용하는 다수의 弩는 공자 측에 부담으로 작용하였고, 이를 방어하기 위해 重裝을 택했다는 것이다(篠田耕一 1992, 422).

실제 속도를 중시하는 기병에게 있어 견고한 방어진을 형성하고 관

....

37 『後漢書』卷24「馬援列傳」第24, "援好騎, 善別名馬, 於交阯得駱越銅鼓, 乃鑄爲馬式, 還上之. (중략) 馬高三尺五寸, 圍四尺五寸, 有詔置於宣德殿下, 以爲名馬式焉."

통력이 뛰어난 弩를 사용하는 보병은 상대하기 어려운 존재였다. 계교전투(192)에서 국의가 이끄는 강노병 1천은 騎射에 능숙했던 공손찬의 기병대를 공격해 궤멸시킨 바 있다.[38] 또한 석륵이 기담을 격파(316)하는 과정을 살펴보면 먼저 험한 요새를 점거하고 산 위에 가짜 병사[疑兵]를 만들어둔 뒤 그 앞의 2군데에 매복을 두었다. 그리고 경기병을 보내 적군을 매복지로 유인한 뒤에 앞뒤에서 합공하여 적을 물리쳤다고 한다.[39] 기담이 이끌고 있던 부대가 보기 2만으로 이루어진 것을 보면 석륵이 배치한 매복지의 병력들은 노와 장병기 등으로 무장한 보병대였을 가능성이 높다.

앞서 전한대 이릉은 1선은 창과 방패, 2선은 활과 노로 무장시킨 보병대 5천을 지휘해 수만의 흉노 기병을 맞아 분전했으나 결국 적의 후방을 교란하거나 우회 기습을 할 수 있는 기병대의 지원을 받지 못해 패한 전례가 있다.[40] 후한대 마융이 쓴 〈廣成頌〉에 의하면 '驍騎로 보좌하고 輕車를 횡으로 연결해 다리[陸梁]처럼 만든 진을 구축한 뒤 투창[鋋]과 화살[矢]을 날려 적을 방어'하는 장면이 묘사되어 있다.[41] 이를 보면 전한-후한대 보병 방진의 기본적인 전술은 큰 차이가 없었음을 알 수 있으며, 경

....

38 『三國志』卷6「魏書」第6〈董二袁劉傳〉, "英雄記曰:「(전략) 瓚步兵三萬餘人爲方陳, 騎爲兩翼, 左右各五千餘匹, 白馬義從爲中堅, 亦分作兩校, 左射右, 右射左, 旌旗鎧甲, 光照天地. 紹令麴義以八百兵爲先登, 彊弩千張夾承之, 紹自以步兵數萬結陳於後. 義久在涼州, 曉習羌鬪, 兵皆驍銳. 瓚見其兵少, 便放騎欲陵蹈之. 義兵皆伏楯下不動, 未至數十步, 乃同時俱起, 揚塵大叫, 直前衝突, 彊弩雷發, 所中必倒, 臨陳斬瓚所署冀州刺史嚴綱甲首千餘級. (후략)"

39 『資治通鑑』卷89「晋紀」第11, 〈建興4年(316)〉, "(전략) 勒據險要, 設疑兵於山上, 前設二伏, 出輕騎與澹戰, 陽爲不勝而走. 澹縱兵追之, 入伏中. 勒前後夾擊澹軍, 大破之, 獲鎧馬萬計. (후략)"

40 『資治通鑑』卷21「漢紀」第13〈元封2年(B.C. 109)〉, "(전략) 陵至浚稽山, 與單於相値, 騎可三萬圍陵軍, 軍居兩山間, 以大車爲營. 陵引士出營外爲陳, 前行持戟·盾, 後行持弓·弩, 虜見漢軍少, 直前就營. 陵搏戰攻之, 千弩俱發, 應弦而倒. 虜還走上山, 漢軍追擊殺數千人. 單於大驚, 召左·右地兵八萬餘騎攻陵. (중략) 陵居谷中, 虜在山上, 四面射, 矢如雨下. 漢軍南行, 未至鞮汗山, 一日五十萬矢皆盡, 即棄車去. 士尚三千餘人, 徒斬車輻而持之, 軍吏持尺刀, 抵山, 入狹谷. 單於遮其後, 乘隅下壘石, 士卒多死, 不得行. (후략)."

41 『後漢書』卷60上「列傳」第50上〈馬融〉, "元初2年(115), 上〈廣成頌〉以諷諫. (중략) 日月爲之籠光, 列宿爲之翳昧, 儦儵課才, 勁勇角氣. 狗馬角逐, 鷹鸇競鷙, 驍騎旁佐, 輕車橫厲, 相與陸梁, 聿皇于中原. 絹猱蹄, 鏦特肩, 脰完狿, 攬介鮮, 散毛族, 梏羽群. 然後飛鋋電激, 流矢雨墜, 各指所質, 不期俱斃, 竄伏扔輪, 發作梧輯."

기병의 역할이 중요했음을 알 수 있다.

이는 3세기 중반 벌어진 관구검과 동천왕의 전투에서도 재현되었을 가능성이 높다. 관구검의 병력 1만을 맞아 동천왕은 보기 2만을 이끌고 비류수가에서 벌어진 初戰에서 수급 3천을 벤다. 그리고 양맥 골짜기에서 다시 수급 3천을 벤다. 이후 철기 5천을 이끌고 직접 공격에 나서지만 관구검이 방진을 형성해 결사적으로 싸우는 바람에 오히려 철기를 포함해 고구려군 1만 8천 명이 전사했다고 한다. 당시 조위의 편제를 살펴보면 유주자사 관구검과 그 휘하의 낙랑태수 유무, 대방태수 궁준, 현도태수 왕기가 참전하고 있었으며, 부여는 군량을 제공하고 오환[42]과 선비[43] 기병까지 참전한 상태였다(이승호 2015). 당시 고구려군이 궤멸에 가까운 타격을 받은 것을 보면 창, 방패, 궁시와 노 등으로 무장한 관구검의 보병 방진을 공격하는 사이 오환과 선비 기병의 우회기습, 또는 다른 장수들이 지휘하는 부대의 합공이 이루어졌을 가능성이 높다.

이처럼 일찍부터 기병 운용이 활발하게 이루어진 중국 동북지역에서는 그만큼 對기병전에 대한 정보나 전술도 풍부했을 것으로 보이며, 실제 수많은 기병전에서 보기 합동 또는 경기병과 중장기병 등 다양한 병종이 편제된 사례를 확인할 수가 있다. 그 과정에서 다양한 병종 간의 호환성 또는 취약점에 대한 대비도 있었으며, 거기에는 노와 궁시에 대한 기병의 방호력 증대라는 측면도 포함되어 있었으리라 생각한다. 하지만 여기에서 경기병이라는 변수를 제외한다면 단순히 중장기병이 보병의 노와 궁시에 대한 방호력을 높이기 위해 등장했을지 의문이 들지 않을 수 없다. 그보다는 노와 궁시로 무장한 보병부대와 '무조건' 근접전을 벌일 수밖에 없는 戰場이 빈번하게 발생하였고, 그렇게 전쟁 양상이 바뀔 수밖에 없게 된 근본적인 이유를 찾는 것이 적절하리라 생각한다.

....

42　　〈毌丘儉紀功碑〉, "(결실) 討寇將軍 魏烏丸單于. (결실)"

43　　『魏書』卷95「列傳」第83〈徒何慕容廆〉, "祖木延, 從毋丘儉征高麗有功, 加號左賢王."

기원전부터 지속된 기마유목집단과 중원 왕조 간의 대립은 초원으로부터 침입해오는 기병대를 방어하는 것에서부터 시작했다. 어디서 침입해올지 모르는 적에 대한 공포는 중원 왕조로 하여금 국경을 따라 장성과 요새를 건립하게 했지만, 국경지대에서의 약탈 행위를 근절시킬 수는 없었다. 이에 대규모 기병대를 육성해 적을 추격·격퇴 또는 선제공격하거나 막대한 물자를 주고 전쟁 자체를 피하는 방식을 택하기 시작했다. 하지만 8왕의 난으로 국가 방어체계가 완전히 무너지면서 다수의 기마유목집단이 중원 내지로 깊숙하게 침투할 수 있었고, 이들은 곧 국경지대에서의 약탈이 아닌 중원 내지에서의 영토 전쟁에 참여하게 된다. 그 과정에서 그들이 이전부터 사용하던 '속도'와 '기동성'에 기반을 둔 전술은 그 위력이 감소하게 되었고, 공성전과 수성전, 영토 확장과 방어, 포로 획득과 사민 등을 위한 전쟁을 수행할 수밖에 없었다.

즉, 공격해오는 적을 피해서 장거리를 유인하고, 적의 보급선을 끊고, 적이 피로해진 틈을 타서 반격을 가해 승기를 잡는 방식이 효력을 발휘하기 힘들게 된 것이다. 중원에 자리 잡게 된 기마유목집단은 이동이 아닌 정주를 해야 했고, 이제는 일정한 영역을 지키기 위해 공격해오는 적을 맞아 싸워야만 했다.[44] 기병이 주를 이루는 아군의 전력만큼 적군의 전력 역시 기병이 주를 이루게 되었고, 기병 단독 작전만으로는 효율적인 전투를 수행할 수 없게 되었다. 이는 이전에 비해 기병이 보병과 함께 작전을 수행하는 경우가 많아졌으며, 궁시와 노에 대한 방어뿐만 아니라 밀집된 방진을 이루고 싸우는 보병대 또는 방호력을 증대시킨 중장보병[甲士·甲卒]과의 전투 역시 대비해야 한다는 의미가 된다(전호태 2017, 12).[45] 그렇기

44　增田精一은 유목민이 양모 교역의 거점을 확보하기 위해 都市戰을 수행하는 과정에서 장창과 장도를 주 무기로 하는 중장기병이 등장했다고 보았다(1996). 森斗靐은 중앙아시아와 동아시아의 중장기병 등장 시점에는 차이가 있지만, 돌궐과 이란계 유목민들이 정주지역을 점거하기 시작하면서 기병 전법에 변화가 생겼다는 지적은 주목해야 한다고 보았다(2000, 304-305). 강인욱 또한 거점을 중심으로 한 수성 전략과 중장기병이 밀접한 연관이 있다고 보았다(2006, 174-175).

에 달라진 전장 상황에 따라 중원으로 진출한 기마유목집단은 기병이 갖는 이점 중 더 이상 필요 없게 된 속도와 기동성 대신 방호력을 택했던 것이 아닐까 싶다. 그 과정에서 이전부터 개마 생산 및 중장기병 운용과 밀접한 연관이 있었던 冀州·柳州 등 하북 지방에서 주로 활동하던 선비족을 중심으로 중장기병 육성·운용이 활발하게 이루어진 것으로 생각한다.[46]

정리하자면 중장기병은 기마유목집단의 정주화의 산물인 것은 맞지만, 기마술의 쇠퇴 또는 기마술이 부족한 한족을 병력으로 확보해 활용하기 위한 것과는 상관성이 약하다. 더불어 강력한 관통력을 지닌 노를 방어하기 위한 측면도 있지만, 連射가 힘들고 수비에 주로 쓰인 무기라는 점을 감안했을 때 오히려 노와 궁시, 기타 무기들로 무장한 보병대와의 전투를 위해 운용되었다고 보는 것이 적절하다. 오호십육국 시기 기마유목집단이 중원 내지에서 수립한 정권들은 이전에 볼 수 있던 초원제국들과 달리 일정한 영역을 기반으로 유지되었으며, 그 영토를 획득·방어하기 위해서는 더 이상 속도와 기동성에 기반을 둔 전략·전술을 구사할 수 없었고, 보병대와의 야전, 공성전 등을 필수적으로 수행해야만 했기 때문이다.[47]

....

45 근대 유럽에서 후장식 소총의 등장은 원거리 조준 사격, 산개대형에서의 사격, 기병 돌격에 대한 재빠른 대응사격을 가능하게 해줬고, 기병으로 하여금 지향해야 할 목표와 결정적 시기를 상실시켰다. 즉, 평지에서 밀집대형을 이루고 있는 보병에 대한 대규모 돌격만을 시행했던 기병 돌격 전술은 의미가 없게 된 것이다(주정율 2014, 258). 이를 고대 동아시아에 적용해보면 기병은 단단한 보병의 밀집대형전술을 破碎하기 위해, 보병은 기병의 돌격전술을 효과적으로 방어하기 위해 상호간 전투·방어력을 증강시키는 방향으로 발전을 거듭했다고 할 수 있다.

46 화북 내부에서 흥기한 前趙(흉노족)와 後趙(갈족), 변경지역에서 세력을 떨친 前涼(한족)과 後涼(저족)과 달리 모용 '연'은 변경에서 흥기하여 중원으로 진출했다가(前燕) 다시 변경으로 퇴각한 경우(後燕)에 해당한다(여호규 2012, 83). 유주와 기주에서 일찍부터 개마를 생산했다는 기록, 모용선비가 유주와 기주를 지속적으로 점유했던 사실, 4세기 초 등자를 비롯한 기마구 출토 유적 대부분이 선비유적이라는 점, 선비족과 관련하여 중장기병 관련 기록들이 다수 확인된다는 점 등을 고려했을 때 선비족의 지리적 특징(영역 내에 초원뿐만 아니라 산지도 포함), 모용 '연' 정권의 성격과 맞물려 중장기병의 등장 원인을 찾아야 하지 않을까 싶다.

47 중원에 국가를 수립하기 시작한 여러 기마유목집단은 경기병을 주력으로 유지하되 중장기병을 육성하고, 이후 중원 왕조에 비해 약했던 보병대도 운용했을 것이다. 이는 사산조 페르시아를 전성기로 이끈 샤푸르 2세의 병력 운용(배은숙 2017) 및 몽골군의 군사편제(May 2009)를 참고하면 좋은 비교가 될 것이다.

이처럼 다수의 중장기병이 육성되기 위해서는 다음 몇 가지 조건들이 필요하다.

우선 무거운 개마를 유지할 수 있는 우수한 종자의 말들이 다수 확보되어야만 하며, 뛰어난 기마술로 말을 능숙하게 다룰 수 있는 기수 역시 많아야 한다. 이는 대다수의 기마유목집단에게 큰 문제가 없었으며, 이미 유목문화나 기마문화가 익숙한 중원인에게도 심각한 문제는 아니었을 것이다. 마지막으로 개마를 대량 생산·유지할 수 있는 기술과 경제력이 필요한데 하북 지방의 수많은 인적·물적 자원은 이를 뒷받침하기에 충분했다.[48] 이미 오래전부터 중원 왕조와 접촉하면서 정착문명의 이점을 어느 정도 받아들였던 선비족이 대거 하북 지방으로 유입되는 시점에 이 모든 조건들이 합치되었고, 그 결과 선비족을 중심으로 중장기병이 다수 육성·운용되기 시작할 수 있었다. 그리고 이러한 영향은 동쪽의 부여 및 고구려에도 자연스럽게 미치게 되었다.

선비계 마구는 고구려 마구의 출현 시기보다 이르며, 고구려 마구의 성립에 초기 선비계 마구의 문화적 영향이 강하게 남았다고 보는 것이 일반적이다(王巍 1997). 특히 4세기 후반~5세기 초반으로 편년되는 집안 만보정M78호와 칠성산M96호 출토 마구 일괄은 고구려 마구의 대표성을 띠고 있으며, 안교, 표비, 등자, 운주, 대구 등으로 구성된 금동제 마구 일괄은 삼연마구와의 관련성을 강하게 시사하고 있다. 그 밖에 고분벽화, 보요장식, 토기, 대금구 등에서도 양자 간 관련성은 밀접하게 확인되고 있다. 관구검의 고구려 침입(246) 이후 모용선비와 고구려는 지속적이

---

48 『資治通鑑』卷97「晉紀」第19〈咸康8年(342)〉, "趙王虎作台觀四十餘所於鄴, 又營洛陽·長安二宮, 作者四十餘萬人. 又欲自鄴起閣道至襄國, 敕河南四州治南伐之備, 幷·朔·秦·雍嚴西討之資, 青·冀·幽州爲東征之計, 皆三五發卒. 諸州軍造甲者五十餘萬人, 船夫十七萬人, 爲水所没, 虎狼所食者三分居一."
후조의 석호가 궁궐 수리, 도로 개설, 전쟁 물자 및 병사 징발, 갑주 제작, 선박 운용 등 다양한 사업을 펼치는 데 있어 수백만 명의 인적 자원이 동원됨을 알 수 있다. 자원이 차출된 곳은 대부분 하북에 위치하고 있으며, 당시 하북 지역의 경제력이 어느 정도였는지 짐작할 수 있게 해준다.

[표 1] 고구려와 삼연고분 출토 마구 비교(조윤재 2015, 120-121 수정)

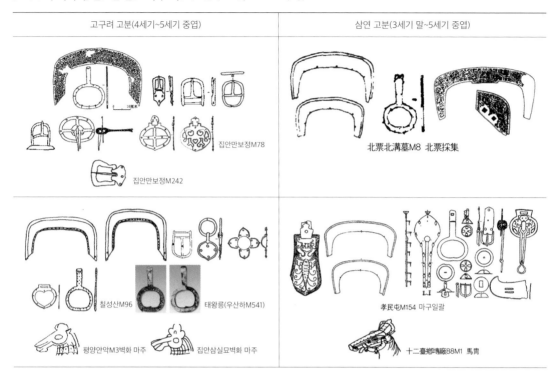

고구려 고분(4세기~5세기 중엽)	삼연 고분(3세기 말~5세기 중엽)

면서도 빈번하게 접촉하였으며, 이는 화북 지역에 전연-후연-북연 정권
이 성립하는 과정에서도 계속되었다(조윤재 2015, 117-131).

　　이처럼 양국이 수백 년간 밀접한 관계를 맺어왔기에 고구려 중장기
병의 발생 과정에 있어서도 모용선비의 영향이 있었다고 보는 것이 적절
할 것이다. 특히 등자의 발생이 수직 高橋鞍과 밀접한 연관이 있다는 孫
璐의 주장에 의하면, 기마술에 능숙하지 못한 한족이 고교안에 올라타기
위해 사용한 것이 등자라고 보았다. 그리고 금분령 21호, 효민둔 154호,
상산 7호묘, 원태자 벽화묘 등의 선비유적을 살펴봤을 때 단등에서 쌍등
으로의 변화상이 감지되고 있어 중원에서 개발된 등자가 선비족에게 전
해져 중장기병의 무게 중심을 위한 개선책으로서 변화한 것으로 보았다.
한편, 고교안은 북연 멸망(436) 이후 더 이상 요서지역에서 보이지 않게
되고, 4세기 초 고구려에 유입된 이후 일본열도까지 전파되어 백제, 신라,

가야, 왜에서 7세기까지 유행하게 된다(2012, 174-181).

고구려의 중장기병 도입 원인에 대해서는 342년 벌어진 전투에서 원인을 찾는 것이 일반적이다. 고구려 도성을 함락한 전연은 5만에 이르는 백성을 포로로 잡아가는 등 궤멸적인 타격을 입혔는데, 이 같은 전쟁의 실패 원인으로 모용선비의 중장기병 운용 능력을 꼽기도 한다(전호태 2017, 9-10). 물론 고구려도 동천왕대 철기 5천을 운용하기는 했지만, 그 형태가 초보적인 무장 단계의 중장기병이었을 가능성이 있으며 모용연과의 접촉을 통해서 보다 발전된 형태의 중장기병 문화를 도입했을 가능성이 높다(遼寧省文物考古研究所 編 2002, 8).[49] 그렇게 고구려로 전해진 중장기병 문화는 이후 고구려 자체적인 발전 과정을 거쳐 변화했으며(堀田啓一 1979, 511-512), 신라로 이어졌다(魏存成 2001, 1112-1113; 리광희 2005, 188-190).

고구려가 동아시아 중장기병 문화에 있어서 한 축을 담당하고는 있지만, 고분벽화 이외의 실물자료는 많지 않다. 하지만 삼연문화에서 확인되는 고고자료들과 비교했을 때 4세기 대 삼연의 갑주 양상이 고구려에서 5세기 초까지 이어짐을 알 수 있다. 그러나 5세기 초가 되면 고구려 마주와 마갑에서 변화가 감지되며, 신라·가야의 갑주 역시 삼연 마구와의 차이가 감지된다(송계현 2005, 181-185).

한편, 영남지역에서 출토된 마주가 2개 유형[50]으로 구분된다고 했을 때, 십이대향전창 88M1호묘와 라마동 M17호묘에서 출토된 선비계 마주

....

49 고구려의 중장기병 도입에 대해 전연(모용선비)이 아닌 후조(갈족)를 주목하기도 한다(余昊奎 1999, 64). 특히 정동민은 전연과의 긴장 관계 속에서 오히려 후조로부터 도입되었을 가능성이 더 높으며, 이후 고구려로 망명한 전연계 인물들이 끼친 직·간접적 영향에서 원인을 찾고 있다(정동민 2017, 24-26). 하지만 후조가 개마를 획득했다는 기록은 있지만, 개마를 운용했다는 직접적인 기록은 보이지 않는다. 그렇다고 했을 때 후조가 획득한 개마가 고구려로 흘러갔을 가능성은 있지만, 이것이 곧 중장기병 도입과 직결되었다고 보기에는 무리가 있으며, 오히려 전연 또는 전연계 망명인에게서 원인을 찾는 것이 적절하리라 생각한다.

50 A형은 얼굴덮개부 상판이 분할되어 있고, 얼굴덮개부 측판은 曲折되었다. 안구는 얼굴덮개부 상판과 측판, 볼가리개에 걸쳐 있다. B형은 얼굴덮개부 상판이 분할되지 않고, 얼굴덮개부 측판은 별도로 제작하여 상판에 부착하였다. 안구는 얼굴덮개부 측판과 볼가리개에 걸쳐 있다.

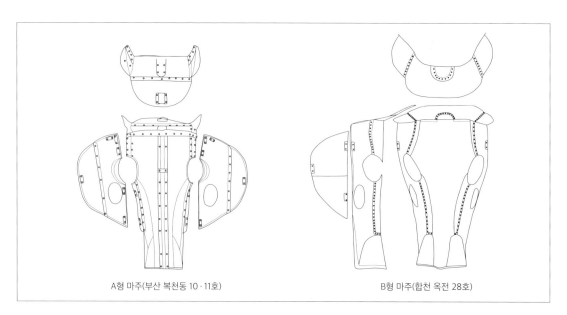

A형 마주(부산 복천동 10·11호)　　　　　　　　　B형 마주(합천 옥전 28호)

[그림 6] 영남지역 마주(필자 작도)

는 A형에 가까운데 반해 우산하 992호묘에서 출토된 고구려 마주는 B형에 가깝다. A형과 B형이 시간적 흐름에 따른 차이일 수도 있으며, 계통의 차이일 수도 있다. 만약 계통의 차이라면 이를 국가 간의 차이로 볼 수 있으며(송계현 2005, 163-164), 더 나아가 중장기병 도입 과정에서 전연으로부터 마구가 유입되었다는 기존 견해에 대한 재고가 필요하다는 주장(정동민 2017, 24), 오호십육국 시기 화북 지역의 국제 정세에 맞추어 전연, 고구려 등이 비슷한 시기 중장기병 문화를 받아들여 독자적으로 발전시켰다는 주장(전호태 2017, 12)과도 연결해 이해할 필요가 있다.

　　하지만 두 가지 유형에 공간성과 함께 시간성이 반영되었을 가능성, 삼실총에 그려진 서로 다른 갑주로 무장한 중장기병이 각자 다른 나라의 기병이 아닌 고구려 내의 다양한 중장기병 형태가 표현되었을 가능성, 실물자료 및 고분벽화 등에서 확인되는 모용선비와 고구려와의 관련성, 문헌상 하북 지역에서 다수 확인되는 개마·철기의 존재 등을 고려할 필요가 있다.

　　즉, 중장기병의 시원은 하북을 기점으로 활약한 모용선비에서 원형을 찾되 주변 지역으로 중장기병 문화가 확산되는 과정에서 다양한 경로로 변화했다고 보는 것이 적절할 것이다. 특히 중장기병 도입 이전부터 기마유목집단 못지않게 기마술과 유목문화 등에 대한 이해도가 높았던 부여 및 고구려의 경우,[51] 선비계 마구를 받아들이면서도 자체 마구 문화 역시 여전히 보유했을 가능성이 높다. 그리고 그런 문화적 차이가 양국에서 확인되는 마구의 세부 기법상 차이로 표현된 것으로 볼 수 있다.

그리고 이렇게 확립된 고구려의 중장기병 문화는 永樂 10년(400) 보기 5만이라는 대군의 남정과 함께 대대적으로 한반도 남부로 확산되기에 이른다.

III. 중장기병 문화에 대한 신라·가야의 대응 전략

고구려뿐만 아니라 신라·가야 역시 국초부터 기병을 운용해 왔는데, 관련 기록들이 많지는 않지만 문헌상 꾸준히 확인되고 있다. 『삼국사기』, 『삼국유사』, 『삼국사절요』 등에서 관련 기록을 발췌하면 [표 2]와 같다.[52]

하지만 여기에서 중장기병의 흔적을 찾기는 쉽지 않다.[53] 유일한 기

....

51　한국사에서 확인되는 가장 이른 기병의 흔적은 위만조선에서 볼 수 있다. 『史記』에는 당시 위만조선왕 우거가 한 무제에게 항복하면서 말 5천 필과 군량미를 보냈다고 한다. 하지만 중국 동북지역과 한반도에서 출토되는 청동무기 중 동과, 동모의 비율이 적은 점, 산악지형이 많은 점, 위만조선 등 토착세력과 직접 관련시킬 만한 차마구가 거의 없는 점 등을 보면 위만조선에서 전차가 주력 병종으로 사용되지는 않았던 것 같다(成璟瑭 2009, 146-159; 孫璐 2012, 102). 그럼에도 불구하고 5천 필의 말을 한 무제에게 보냈다는 사실을 보면, 위만조선 역시 일찍부터 기마술 및 유목문화에 대한 이해도가 높았다고 할 수 있으며, 그러한 문화가 부여, 고구려 등으로 이어졌을 가능성이 높다.

52　가야의 유일한 자체 기록인 「駕洛國記」에는 기병 관련 기록이 없기에, 가야의 경우, 신라사와 관련된 기록 내에서 확인 가능한 것들만 검토하도록 하겠다.

53　이홍두는 548년 독산성 전투에 참전한 신라군 甲兵을 중장기병으로 해석하였다(2012, 22-23). 원문에는 당시 신라군을 甲卒로 적고 있는데, 『准南子』 「覽冥訓」에 의하면 기본적으로 갑옷 입은 병사 중 전차를 타면 士, 보병은 卒이라고 적고 있다. 신라군은 550년 도살성과 금현성 증축 시에도 甲士를 파견하는데 이들은 모두 중장보병으로 보는 것이 적절하며(신광철

록이 602년 벌어진 아막산성 전투에서 신라장군 武殷이 甲騎 1천을 지휘했다는 것 정도이다.[54] 그것도 7세기 초의 기록인 점을 감안한다면, 고구려를 통해 중장기병 문화가 확산되었을 5세기 이후 과연 한반도 남부에서 중장기병 문화는 어떤 식으로 남게 되었을까? 의문이 들지 않을 수 없다. 이는 신라·가야지역에서 확인되는 고고자료를 통해 그 일면을 엿볼수가 있다.

정작 중장기병 관련 고고자료가 많지 않은 고구려와 달리 신라·가야 지역에서는 온전한 형태의 마갑이 출토되어 주목된다. 가야권에서는 함안 마갑총에서 한 벌의 마갑이 온전한 상태로 출토되었으며, 도항리 (현)8호묘와 6호묘, 합천 옥전 28호묘와 M1호묘 등에서 마주와 마갑이 출토되었다(김성호 2018, 8). 신라권에서는 경주 쪽샘 C10호에서 마갑이 확인되었는데, 주곽에서는 기수가 착장했던 縱長板冑와 頸甲, 札甲, 전마가 착용했던 마갑 일체, 부곽에서는 각종 마구와 마주 등이 출토되었다(국립경주문화재연구소·경주시 2018, 378-385). 더불어 김해 덕산에서 출토된 것으로 알려져 있는 국보 275호 도기 기마인물형 각배 및 그와 유사한 형태의 개인 소장 기마인물형토기 역시 중장기병의 존재를 증명해주는 중요한 실물자료이다(申光澈 2018b).

5세기를 전후하여 고구려, 전연, 신라, 가야 諸 지역에서 공통적으로 확인되는 중장기병 관련 문물의 부장은 고구려를 매개로 한 고구려와 신라, 신라를 매개로 한 고구려, 가야의 교류 결과로서 고구려군의 신라 주둔에 따른 연동 작용의 결과로 해석할 수 있다(강현숙 2008). 즉, 신라·가야의 입장에서 중장기병 문화의 유입 상황을 살펴보기 이전에 고구려의

....

2018a, 122), 단순히 '甲'이라는 접두어 때문에 중장기병으로 해석하는 것은 무리이다.

54   삼국통일기 신라 장군 1인당 약 1,500명의 병력을 지휘했을 때, 1군의 70%는 전투병, 30%는 치중병이라고 한다면 전투 병력은 1,000명 내외이다(이상훈 2011). 진평왕 24년(602)의 전투에서 신라 장군 武殷이 甲騎 1천을 지휘한다는 기록을 참고했을 때 신라 내에서 중장기병의 운용 규모는 대체로 이 정도에서 크게 벗어나지 않았을 것이다. 더불어 신라 말기에도 갑기 1개군 정도만 운용했던 것을 보면 중장기병이 얼마나 유지·운용하기 힘든 병종인지를 알 수 있다.

[표 2] 문헌상 신라 기병 운용 사례(申光澈 2018b, 26)

연대	공격 측				수비 측				결과
	주체	전장	병력종류	규모	주체	병력종류	규모	전술	
유리이사금 17년(40)	화려현·불내현	북쪽 국경	기병(騎)	·	신라	·	·	평지전 요격	승리(맥국의 거수가 지원)
탈해이사금 8년(64)	백제	구양성	·	·	신라	기병(騎)	2천	수성 지원	승리?(양측 기록 다름)
파사이사금 15년(94)	가야	마두성	·	·	신라	기병(騎)	1천	수성/요격	승리
지마이사금 4년(115)	신라	황산하	보기(步騎)	·	가야	·	·	평지전(매복)	패배
아달라이사금 14년(167)	신라	한수	군대	2만	백제	·	·	출진/施威	승리
			기병	8천					
벌휴이사금 7년(190)	백제	부곡성	·	·	신라	정예기병(勁騎)	5백	수성 후 추격	대패
조분이사금 3년(232)	왜인	금성	·	·	신라	경기병(輕騎)	·	추격	승리(1천 추살)
흘해이사금 37년(346)	왜병	풍도	·	·	신라	강한기병(勁騎)	·	수성 후 추격	승리
내물이사금 38년(393)	왜인	금성	·	·	신라	정예기병(勇騎)	2백	퇴로 차단	승리(步騎 협공)
						보병(步卒)	1천	추격	
실성이사금 4년(405)	왜병	명활성	·	·	신라	기병(騎兵)	·	요격+再戰	승리(3백 추살)
눌지마립간 28년(444)	왜병	금성	·	·	신라	기병(騎)	수천	추격+合戰	패배(절반 이상 사망)
진흥왕 23년(562)	신라	가야 도성	기병	5천	가야	·	·	공성 施威	승리
			本隊	·					
진평왕 24년(602)	백제	아막산성	·	·	신라	정예기병(騎兵)	수천	수성 지원	승리
	백제	4개성	보기(步騎)	4만	신라	중장기병(甲騎)	1천	평지전	승리
						추가 병력	·		
진덕왕 원년(647)	백제	3개성	보기(步騎)	3천	신라	보기(步騎)	1만	接戰(苦戰氣竭)	승리(3천 참수)
문무왕 2년(662)	신라	평양(패강)	수레 2천여 채 및 마소	·	고구려	·	·	廻軍對戰	승리(수만 사살/포로)
용삭 3년(663)	신라+당	백강가 진지	정예기병(驍騎)	·	백제+왜	정예기병(精騎)	·	진지 격파	승리
건봉 3년(667)	신라+당	평양	정예기병(驍騎)	5백	고구려	·	·	성문 돌파	승리

중장기병 문화에 대해 간략하게 살펴보지 않을 수 없다.

이에 고구려 고분벽화 속 중장기병을 먼저 검토한 뒤 신라·가야에서 확인되는 중장기병 관련 자료들과 비교 검토하도록 하겠다. 물론 마주와 마갑 일체를 비교할 수 있는 자료가 많지는 않지만, 해당 자료들이 어느 정도 대표성을 갖추고 있다고 볼 수 있으므로 거시적인 시선에서 논지를 전개하는 데 큰 문제는 없을 것이다.

1. 고구려의 중장기병 문화

최근 영남지역 마갑 연구 결과에 따르면 경·흉갑만 갖춘 I형, I형에 신갑을 더한 II형, II형에 고갑 상부를 갖춘 III형으로 구분 가능하며, 고갑 하부 유무에 따라 II·III형이 다시 세분된다(김성호 2019, 249-250). 한반도 남부와 고구려의 중장기병 문화 간 밀접한 관련성이 인정되기에 본고에서는 이를 고구려에도 적용하도록 하겠다.

현재 고구려 중장기병이 확인되는 벽화고분은 지역적으로 집안, 평양, 평안남도(남포, 대동, 순천), 황해남도(안악) 등 다양하게 분포하며, 시기적으로는 4세기 중반~6세기 전반에 위치한다(정호섭 2010). 총 14개 사례[55]가 확인되는데 그중 전체 형태를 완전하게 알 수 있는 것은 안악3호분, 덕흥리고분, 통구12호분, 삼실총, 쌍영총, 개마총 정도이고 나머지는 결실된 부분이 많아 불완전하지만 참고자료로는 적절하리라 생각한다.[56]

4세기 대는 전연과의 밀접한 관계 속에서 전연의 중장기병 문화요소

....

55 장천1호분의 경우 앞방 서면에서 중장기병 1기가 확인된다고 알려져 있지만 자료 부족으로 구체적인 형태를 확인하기는 어렵다(정동민 2008, 368). 세부를 살펴봤을 때 중장기병으로 추정되는 개체는 확인되지만 세부 표현은 파악하기 어렵다.

56 [표 4~6]의 그림은 북한에서 출간된 도록(조선유적유물도감 편찬위원회 1990a; 1990b; 朝鮮畵報社 1989)을 참고하였다.

[표 3] 마갑 구분과 영남지역 마갑 구분(김성호 2019, 249-250 수정)

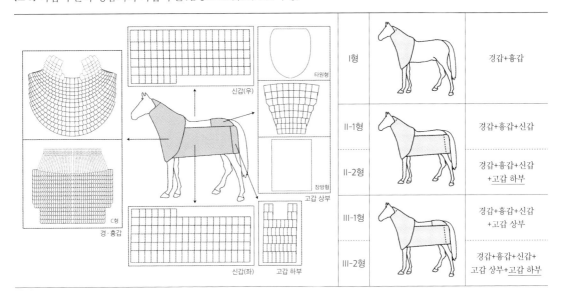

[표 4] 4세기 대 고구려 고분벽화 속 중장기병

시기	고분		사진 및 도면	구분		
357년 (4세기 중반)	안악3호분	황해남도 안악		III-2형	경갑+흉갑+신갑 +고갑 상부+고갑 하부57	마주 ○
4세기 후반	태성리1호분	평안남도 남포		II형? III형?	흉갑+신갑	마주 ?
					경갑/고갑 알 수 없음 상단부 결실	

가 고구려에 다수 영향을 미치던 시기였다. 김성호는 세장한 상원하방형
소찰과 소찰 상위 투공의 'Y'자상 배치, 외중식의 중첩방식, III-2형의 마

....

57   김성호는 4세기 대 전연과 고구려의 마갑을 비교하면서 안악3호분에 묘사된 중장기병에 고
갑 하부가 보이지 않으므로 전연 마갑은 III-2형, 고구려 마갑은 III-1형으로 분류하였다(2018,
66-68). 하지만 안악3호분의 중장기병에도 붉은색 테두리로 그려진 고갑 하부가 분명히 식별
되기 때문에 현재까지 확인 가능한 고구려의 마갑은 모두 III-2형이며, 전연의 마갑과 큰 시기
차 없이 완성 단계의 마갑이 도입·사용되었다고 봐야 할 것이다.

[표 5] 5세기 전반대 고구려 고분벽화 속 중장기병

시기	고분		사진 및 도면	구분		
408~409년 (5세기 전반)	덕흥리고분	평안남도 남포		III-2형	경갑+흉갑+신갑+ 고갑 상부+고갑 하부	마주 ○
5세기 전반	마선구 1호묘	집안		II형? III형?	경갑+흉갑+신갑 고갑 알 수 없음 뒷부분 결실	마주 ○
	약수리고분	평안남도 남포		I형? II형? III형?	경갑+흉갑 신갑+고갑 알 수 없음/ 경갑+흉갑 2개 형식	마주 ○
	동암리벽화분	평안남도 순천		II형? III형?	경갑+흉갑+신갑 고갑 알 수 없음 상단부 결실	마주 ○
	감신총	평안남도 남포		III형?	흉갑+신갑+ 고갑 상부+고갑 하부 경갑 여부 불확실 찰갑 세부 표현 없음	마주 ?

갑 구성, 반원형의 귀가리개가 없는 챙부와 상판과 볼가리개에 의해 眼孔
이 분할된 마주 등을 '전연형'의 특징으로 꼽았다(2018, 67-68). 이는 안악
3호분에서 확인 가능하며, 4세기 중반경 고구려 역시 규모의 차이는 있겠
지만 중원의 중장기병과 거의 동일한 수준의 중장기병대를 육성·운용했
음을 알 수 있다.

　5세기 대는 일반적으로 전연 마갑 체계와 흡사했던 고구려 마갑 체
계에 변화가 생기는 기점으로 알려져 있다. 김성호는 우산하 3319호묘에
서 출토된 마갑을 기준으로 제형 소찰, 부분 내중식 중첩방식, III-2형의

마갑 구성을 '고구려형'의 특징으로 꼽았다. 또한 덕흥리고분에서 두 가지 형태의 고갑 상부 및 고갑 상부가 없는 경우가 확인되고 있으므로 이를 전연형→고구려형 과도기의 현상으로 이해하고 있다(2018, 68-69). 하지만 세부적으로 살펴보면 고갑 상부의 寄生 유무만 차이가 있을 뿐, 전체적으로 마갑 구성에서 큰 차이는 보이지 않는다.

한편, 마주의 경우 眼孔이 상판과 볼가리개에 의해 나뉘는 '상판분리형(전연형)'을 갖춘 개체가 있다는 지적이 있는데(김일규 2018, 43-43), 여러 기의 중장기병 중 1기만 다른 형식의 마주를 착장했다고 보는 것이 과연 적절한지 재고의 여지가 있다. 고급 전략물자였던 중장기병의 鎧馬는 기본적으로 중앙정부에서 직접 통제했을 가능성이 높고, 정해진 기준과 전마와의 호환성 여부에 따라 생산-보급되었을 텐데, 서로 다른 형식의 마주가 사용되었을지 의문이며, 오히려 벽화의 특성상 세부 묘사의 차이 정도로 인식하는 것이 적절할 것 같다. 더불어 덕흥리고분 기수의 갑주는 여타 고구려 중장기병의 기수가 입고 있는 갑주와 다른 형태인데(申光澈 2018b, 18-19), 이것이 지역차인지, 시기차인지, 아니면 특정 부대의 특징인지 여부는 좀 더 연구가 필요할 것 같다.

그 밖에 약수리고분을 보면 12기의 중장기병이 1열을 이루어 자리하고, 그 옆으로 환두대도와 창을 든 경기병 2기가 그려져 있음을 알 수 있다. 안악3호분과 덕흥리고분이 행렬도라는 차이는 있지만, 이전 시기에 비해 고구려 중장기병대의 편제가 변화했음을 알 수 있다. 단순 비교가 될 수 있겠지만 이전에 비해 규모도 증가하고, 중장기병을 활용한 전술상의 변화도 유추해볼 수 있을 것 같다. 즉, 중장기병이 5세기 전반을 기해 고구려의 주요 병종으로서 전장에서 실질적인 위력을 발휘했으며, 장창[槊·戟]을 주 무기로 한 충격전술을 사용했다고 볼 수 있다.

5세기 중반 이후 고구려 고분벽화에서 확인되는 중장기병은 이전 시기의 전통을 충실히 따르고 있다. 김성호는 삼실총 중장기병의 경우, 고갑 상부가 없기 때문에 이를 II-2형으로 분류하고 그로 인해 속보 이상

[표 6] 5세기 중반 이후 고구려 고분벽화 속 중장기병

시기	고분		사진 및 도면	구분		
5세기 중반	통구 12호분	집안		III-2형	경갑+흉갑+신갑 +고갑 상부+고갑 하부	마주 ○
	대안리 1호분	평안남도 남포		?	신갑?	마주 ?
					대부분 결실	
	팔청리 벽화분	평안남도 대동		III-2형	신갑+ 고갑 상부+고갑 하부	마주 ?
					경갑+흉갑 알 수 없음 앞부분 결실	
5세기 후반	삼실총	집안		III-2형	경갑+흉갑+신갑 +고갑 상부+고갑 하부	마주 ○
	쌍영총	평안남도 남포		III-2형	경갑+흉갑+신갑 +고갑 상부+고갑 하부	마주 ○
6세기 전반	개마총	평양		III-2형	경갑+흉갑+신갑 +고갑 상부+고갑 하부	마주 ○

의 속도를 내며 달릴 수 있었다고 해석했다(2018, 49/53-54). 하지만 삼실 총의 경우도 안장 뒤쪽의 말 엉덩이 상부에 마갑이 덮여 있는 모습이 분 명히 확인되기 때문에 이는 II-2형보다는 III-2형에 가깝다고 봐야 한다. 또한 중장기병이 달릴 수 있는지 여부는 지속 시간과 거리의 문제이지 가

능과 불가능의 영역이 아니다. 마갑의 무게 또한 고갑 상부의 유무가 전마가 감당해야 하는 전체 무게에서 과연 기동에 큰 영향을 미칠 정도인지도 고려해봐야 한다.[58] 한편 김성호는 북연 풍소불묘 출토 마갑에서 장방형찰이 확인되는 것을 고구려의 영향으로 보고 있는데(2018, 70-71), 이를 본다면 오히려 5세기 전반 고구려형 마갑 구성이 갖추어진 뒤로는 완성형이라고 할 수 있는 III-2형이 계속 생산되었다고 보는 것이 합리적이라고 생각한다.

정리하자면 4세기 중반경 고구려는 전연으로부터 완성형에 가까울 만큼 발전된 화북 지역의 중장기병 문화를 받아들였고, 이를 수용해 적극적으로 발전시켰음을 알 수 있다. 안악3호분 행렬도를 보면 보병(창수, 환도수, 부월수, 궁수)과 경기병, 중장기병이 모두 등장하는데, 경기병의 수에 비해 중장기병의 숫자가 현저히 적은 것을 알 수 있다. 이를 통해 4세기 중반경 고구려의 기병 편제를 가늠할 수가 있으며, 3세기 중반 동천왕이 운용했던 초보적인 형태의 철기는 보이지 않는 것으로 봐서 전연의 중장기병 문화로 대체했음을 알 수 있다. 이는 전연의 중장기병 문화를 받아들인 뒤 일정 시간이 지나자 고구려만의 마갑 구성을 갖추었다는 소리가 되는데, 만약 이전에 중장기병을 운용했던 경험이 없었다면 그런 변화가 일어나기는 힘들었다고 생각한다.

한편, 광개토태왕이 400년 남정에 동원한 보기 5만에도 중장기병이 포함되어 있었을 텐데, 병력 규모나 편제가 어떠했는지 정확하게 알기는 어렵다. 다만, 즉위 후 백제와 여러 차례 공방전을 벌일 때 기병과 보병이 모두 동원된 것을 알 수 있으며, 영락 5년(395) 稗麗 정벌전이 초원에서

………

58 카르헤전투에서 파르티아의 중장기병은 충격전술과 騎射를 모두 능숙하게 구사했으며, 칸타브리아 기병의 전술(Cantabrian circle)과 파르티안 샷(Parthian shot)을 익숙하게 사용했다. 이는 단위가 큰 보병이나 궁병을 대상으로 그 주변을 기병이 돌면서 투창이나 궁시로 공격하는 것을 말하는데, 반드시 정확한 원형을 이룰 필요도 없고, 보병보다 기동성을 갖추기만 하면 되기 때문에 중장기병이 이런 전술을 구사하는 것이 불가능한 것은 아니다. 즉, 중장기병이 속보로 달려가 밀집방진에 충격을 주는 전술 이외의 영역에서도 운용이 가능하다는 의미이다.

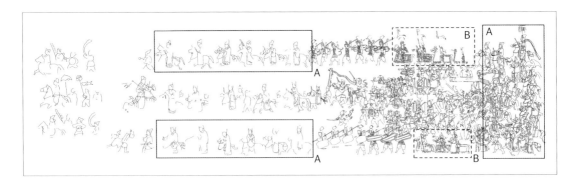

[그림 7] 안악3호분 대행렬도의 병종 구성(A: 경기병/B: 중장기병)(필자 작도)

이루어진 것을 보면 당시 경기병 위주로 전쟁을 수행했음을 알 수 있다. 이듬해(396)에는 水軍까지 동원해 백제의 58개 성과 700개 마을을 함락한 것을 보면 중장기병 이외에도 보병과 경기병의 비율이 상당히 높았다고 판단된다. 하지만 5세기 대를 기점으로 한반도 남부에 중장기병 문화가 전파되게 된 결정적인 계기가 고구려의 남정인 것은 부정할 수 없기에 당시 적지 않은 중장기병대가 한반도 남부에서 전투를 벌였고, 그 모습은 큰 충격과 파장을 일으켰을 것이다.

2. 한반도 남부의 중장기병 문화

한반도 남부의 기마문화는 400년 고구려 남정의 영향으로 시작했다고 보는 견해가 일반적이었다(申敬澈 1985, 38-39; 崔鍾圭 1983, 10-15). 하지만 부산 복천동에서 4세기 대 마구가 등장하면서 기존 견해들이 수정될 필요가 생겼고 이는 부여계 기마민족이 동해안을 따라 낙동강 하류로 내려와 원주민 집단을 정복하고 금관가야를 수립했으며, 낙동강 하류역을 중심으로 주변 지역으로 기마문화가 확산되었다는 주장(申敬澈 2000)으로 확대됐다. 이후 기마민족의 대대적인 주민 이동보다는 고구려, 부여, 삼연 등 특정 지역을 한정하지 않고 중국 동북지역의 기마문화가 가야로 이입되었다고 보는 견해(金斗喆 2000)와 함께 조기마구(수레용)와 초기마구(승마용)의 차이점에 대한 인지, 중국 동북지역과 한반도 동남부 간의 기마문화 전파가 직결되지 않았다는 견해(강유신 2002)도 나왔다.

즉, 현재까지의 연구 경향을 살펴보면 과거에는 고구려를 통한 기마문화의 전파로 이해했으나 최근에는 다양한 경로와 계기에 의해 기마문화가 유입되었다고 보고 있는 셈이다. 이는 중장기병 문화 전파에 대해서도 견지해야 하는 입장이며, 반대로 말하면 각 지역별로 중장기병 문화에 대한 인지와 대응이 달랐다는 의미로도 받아들여야 할 것이다.

1) 신라의 대응 전략

쪽샘 C10호 발굴조사보고서에 의하면 해당 유구는 5세기 초~전엽으로 편년된다.[59] C10호 출토 등자의 목심 일부가 철판으로 보강되고 윤부의 평면형태가 횡타원형을 띠는 점, 답수부에 스파이크가 장치되지 않은 점 등 이른 시기의 요소를 포함하고 있기 때문이다. 한편, 토기의 편년안을 참고하면 해당 유구는 월성로 가6호보다 늦고 월성로 가13호보다는 이르며, 황남동 109호 3·4곽과 비슷하거나 이르다고 보았다(허정윤 2018, 378-385). 주곽과 부곽에는 기수의 갑주부터 환두대도, 마주와 마갑 일체가 가지런하게 놓여 있어 당시 신라에 중장기병이 존재했음을 직접적으로 보여주고 있다.

이는 이보다 앞서 조사된 황남동 109호 3·4곽, 사라리 65호에서 출토된 기수의 갑주 및 마주, 마갑 출토 양상과 동일한 시각에서 이해할 수 있겠다. 해당 고분들은 모두 5세기 전반경에 위치하기에 이 시기 신라에 기수와 전마 모두 갑주를 갖춘 중장기병이 존재했음은 부정할 수 없는 사실이다. 한편, 완성형 마갑인 III-2형이 부장된 쪽샘 C10호와 달리 황남동

....

59 김성호는 5세기 2/4분기로 편년(2018, 77)하고 있지만 전체적인 논지 전개에 큰 문제는 없을 듯싶다.

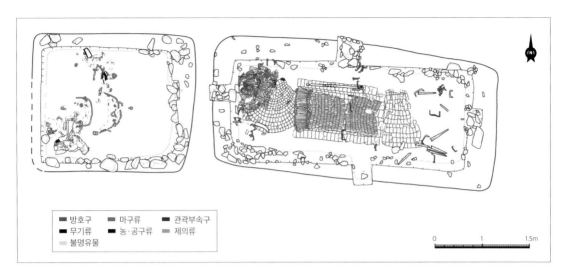

[그림 8] 쪽샘 C10호 목곽묘 내 금속유물 출토 위치도(국립경주문화재연구소·경주시 2018, 379)

109호 3·4곽은 III-1형에 가까워서 해당 마갑의 발생이 400년 남정 이외에 그 이전부터 고구려와 맺어왔던 긴밀한 관계 속에서 파생된 결과물이었을 가능성이 있다.

392년에 내물이사금은 고구려가 강성하다는 이유로 실성을 볼모로 보내게 되며, 400년 남정 이후 401년 신라로 돌아온 실성이 다음 보위에 오르게 된다. 고구려 남부전선이 확장되는 시기 고구려는 정치·외교적으로 신라를 자국 영향권 아래 두게 되는데(신광철 2019, 144), 이러한 정치·외교적 상황을 고려한다면 선진적인 고구려 문화가 신라로 다수 移入될 여지는 많았으며 그 결과, 중장기병용 갑주가 신라 고분에 매장된 것이 아닐까 싶다.

당시 고구려의 토벌 대상이 신라가 아니라 신라의 적이었던 倭[60]였기 때문에 그 위력에 대한 체감도나 위협이 낮았을 수 있다. 더불어 신라가 지난 수백 년간 경기병을 주력으로 삼아 백제, 왜, 가야 등과 접전하다

....

60 〈광개토태왕비〉에 적힌 倭의 실체에 대해서는 본고의 논지 전개 방향과 무관하니 재삼 거론하지 않겠다.

보니 중장기병의 필요성을 당장 느끼지 않았을 가능성 역시 있다.

이와 맞물려 4세기 대 실용·무장적 성격에서 5세기 대에는 삼연·고구려 장식 마구의 영향을 받아 금동제·은제 등의 화려한 장식 마구가 등장하는 것도 주목해야 한다. 5세기 전반대 등장한 장식 마구는 5세기 중반이 되면 더욱 장식성이 증가하게 되고 황남대총 남분과 북분에서 그 절정을 보여준다.[61] 특히 최고 계층의 적석목곽분에서 다수의 장식마구가 출토되는 점(柳昌煥 2010, 146), 가야 지역 각지로 신라산 장식 마구의 영향이 확인되는 점, 신라 각지에 다수의 牧馬場이 위치한 점, 수만 필 이상의 말이 사육된 점, 『三國史記』「雜志」에 각 신분별로 마차·마구에 차별을 둔 점 등을 고려할 필요가 있다.

이는 당시 신라 사회에서 말이 중요한 의미를 지녔음을 알려주는데(김정숙 2003) 그럼에도 불구하고 가장 기록이 풍부한 「신라본기」에 중장기병과 관련된 기록이 극히 적은 것은 다소 의문이다. 또한, 오호십육국 시기 하북 지역과 달리 鎧馬 또는 甲騎가 노획, 거래, 사여의 대상으로 거의 거론되지 않는 점,[62] 신라 후기까지 갑기의 규모가 1개 부대 단위를 넘어서지 않는 점, 신라의 弩 제작 기술이 뛰어나 당에서도 그 기술을 탐냈던 점,[63] 신라에서 보기당과 함께 장창보병대 육성에 주력한 점(徐榮敎 1998; 2010) 등도 모두 고려 대상이다.

이를 종합해 보면 신라에서는 일찍부터 기마유목 문화와 함께 중장기병 문화 또한 인지하고 접촉했다고 볼 수 있다. 3세기 중반 관구검의

....

61 　신라 장식마구의 자세한 변화상은 이현정(2014, 258-275)을 참고하기 바란다.

62 　『三國史記』卷6「新羅本紀」第6〈文武王〉, "10年(670), 遣沙湌須彌山, 封校勘安勝爲高句麗王. (중략) 兼送粳米二千石·甲具馬一匹·綾五匹·絹細校勘布各十匹·綿校勘十五稱, 王其領之." 『삼국사기』의 유일한 개마 사여 기록인데, 안승이 고구려인이라는 점이 작용했을 수 있다.

63 　『三國史記』卷6「新羅本紀」第6〈文武王〉, "9年(669), 冬, 唐使到傳詔, 與弩師仇珍川沙湌迴. 命造木弩, 放箭三十步. 帝問曰, 「聞在爾國, 造弩射一千步, 今纔三十步, 何也.」 對曰, 「材不良也. 若取材本國, 則可以作之.」 天子降使求之, 即遣福漢大奈麻獻木, 乃命改造, 射至六十步. 問其故, 答曰, 「臣亦不能知其所以然, 殆木過海, 爲濕氣所侵者歟.」 天子疑其故不爲, 切之以重罪, 而終不盡呈其能."

고구려 침입 시 고구려인 일부가 신라로 흘러 들어왔다는 이야기[64]를 보면 일찍부터 고구려를 통한 북으로부터의 인적·물적 교류가 있었음을 짐작할 수 있다. 381년에는 화북지역을 통일한 前秦에 사신을 보내 국제정세를 파악하고 392년에는 고구려와 정치·외교적인 예속 관계를 맺으면서 본격적으로 중장기병 문화 또한 인지했을 것이다.[65] 400년 고구려의 남정 이후에는 양국 관계는 보다 친밀해졌는데, 그 과정에서 오히려 고구려의 영향 아래에서 정치·경제적 안정을 구가하다 보니 新병종의 도입 및 군제 개혁 등이 이루어지지 않은 것 같다. 이는 신라의 主敵이 가야, 왜, 백제 등에 한정된 탓도 있을 것이다. 이후 고구려와의 관계를 정리하고 백제와 손을 잡는 등 외교 노선의 다변화를 꾀하면서 신라는 중장보병을 육성하기 시작했으며, 우수한 弩를 개발하고 장창보병대를 조직적으로 운용해 대규모 기병대와의 전투를 대비하였다.

분명 수만 마리의 말을 사육하면서 신라 역시 대규모 기병대를 조직할 수 있는 여건이 있었지만, 다수의 중장기병 또는 기병대를 운용하는 것은 굉장히 많은 국력의 소모를 가져올 수 있는 일이었다. 한편, 군제 개혁을 단행하지 않고서도 신라는 인접한 가야를 충분히 압도할 수 있었고, 외교 노선의 다변화를 통해 고구려, 백제, 왜, 당 등 주변 국가와의 관계를 유지하면서 부족한 군사력을 메워나갈 수 있었다. 아마 이러한 대내외적인 상황이 신라로 하여금 중장기병을 육성·운용하는 데에 있어 소극적인 자세를 견지하게 만든 것이 아닐까 싶다.

....

64 『北史』 권94 「列傳」 第82 〈新羅〉, "或稱魏將毋丘儉討高麗破之, 奔沃沮, 其後復歸故國, 有留者, 遂爲新羅, 亦曰斯盧, 其人雜有華夏·高麗·百濟之屬 (후략)."

65 김일규는 5세기 초엽의 쪽샘 C10호 마주가 상판일체형 속에 상판분리형의 속성이 남아 있는데, 이보다 약간 후행하는 황남동 109호 3·4곽 출토 마주가 전형적인 상판일체형인 점, 그리고 이와 동시기인 사라리 65호에서 상판분리형 마주가 나온 점에 주목했다(2018, 45). 즉, 400년 이전에 신라에 이미 전연계 상판분리형 마주가 등장한 이유는 금관가야로부터 전래된 것이라고 해석했다. 하지만 고구려에도 4세기 후반~5세기 초 전연계 마주+마갑의 영향이 남아 있었고 이미 그 당시 신라가 고구려와 접촉했던 점을 보면 오히려 전연-금관가야의 도식보다는 전연-고구려의 도식이 자연스러울 것 같다.

2) 가야의 대응 전략

가야는 신라보다 마갑의 출현 시기가 다소 이르다. 부산 복천동 38호와 64호에서 4세기 대 마구와 각종 철제무기, 갑주 등이 출토되었으며 김해 대성동 2~3호에서는 장식기병의 성격을 지닌 마구류가 출토되었다. 이는 동시기 백제나 신라와 뚜렷이 구분되는 것으로서 일찍부터 중장기병 문화 요소가 확인된다는 점이 특징이다(柳昌煥 2010, 147).

이후 5세기 전반이 되면 낙동강 유역을 비롯해 가야문화권 곳곳에서 폭넓게 마갑과 마구, 무기, 무구류가 확인된다. 복천동 34~36호에서는 경주 지역의 마갑과 달리 경·흉갑에 다양한 크기의 소찰을 사용하는데 이는 고구려와 달리 중장기병 문화의 재지화가 이루어진 것으로 볼 수 있다. 그 밖에 김해 대성동 1호에서 마주와 마갑, 11호에서 마갑, 57호와 두곡 8호에서 마주가 출토되었다. 그 밖에 경산 임당 G5호와 합천 옥전 23호에서도 마갑이 확인되었다. 즉, 400년 고구려 남정 이전에도 가야 각 지역에서는 중장기병에 대한 인지가 있었으며, 남정 이후 가야 각 지역의 반응을 보면 오히려 신라보다 중장기병 문화에 대한 수용도가 높았음을 알 수 있다.

한편 5세기 중반이 되면 4세기 대 비슷한 기마문화를 공유했던 김해와 부산의 지역성이 이전에 비해 뚜렷한 차이를 갖는다. 5세기 전~중반은 신라와 금관가야가 정치·사회적으로 밀접한 관계를 맺는 시기이다. 「가락국기」에 의하면 407년 금관가야 5대 왕인 좌지왕이 즉위했는데, 용녀라는 여자와 결혼해 그 무리를 관리로 삼으니 나라가 혼란스러워지고 계림국이 꾀를 써서 금관가야를 치려했다고 한다. 결국 용녀를 내치고 귀양 보낸 뒤 좌지왕이 맞이한 부인은 도령 대아간(신라 5관등 대아찬)의 딸 복수였다.[66] 한편, 6대 취희왕의 부인은 진사 각간(신라 1관등 각찬)의 딸

....

66 『三國遺事』卷2「紀異」第2〈駕洛國記〉, "坐知王, 一云金叱. 義熙三年卽位. 娶傭女, 以女黨爲官, 國內擾乱, 雞林國以謀欲伐, 有一臣名朴元道諫曰, 「遺草閣閣亦舍羽況乃人乎. 天亡地陷人保何基. 又卜士筮得解卦, 其辭曰 '解而悔朋至斯孚', 君鑒易卦乎.」王謝曰「可.」擯傭女貶於荷山島, 改行

인덕, 7대 질지왕의 부인은 김상 사간(신라 8관등 사찬)의 딸 방원, 9대 겸 지왕의 부인은 출충 각간(신라 1관등 각찬)의 딸 숙이었다고 하는데 5세기 초부터 100년 이상 금관가야왕의 부인은 모두 신라 고위층의 딸인 셈이 다. 이것이 신라 측의 계략인지, 아니면 양국 간 밀접한 외교관계의 산물 인지는 알 수 없으나 5세기 중반 이후 김해와 부산 등지에서 신라계 마구 가 다수 확인되는 것과 무관하지는 않다고 생각한다.

김해가 5세기 2/4분기 이후 고유 세력을 유지하지 못한 것과 부산이 어느 정도 독자성을 유지하면서 신라·대가야 등과 교류 관계를 유지하는 상황을 보면 5세기 중반 이후를 기점으로 낙동강 유역에서 신라가 가야 를 압도하기 시작했다고 볼 수 있다. 이때 영남 각지에서 고총고분이 동 시에 성립되기 시작하는데, 김두철은 황남대총 남분 축조와 맞물려 함안 말이산 34(현4)호분, 합천 옥전 M2호분, 부산 연산동 M10호분 등 각지에 서 고총고분이 축조되는 점, 그리고 가야의 초기 고총고분에서 대부분 정 형화된 신라계 마구(편원어미형행엽+입주부운주 또는 무각소반구형운주 조 합)가 출토되는 점을 두고 경주를 중심으로 한 문화가 각지로 확산되었 다고 해석했다. 즉, 신라와 교류 관계는 지속하면서도 가야의 일원이라는 강한 정체성을 가지고 있었다고 본 것이다(2017, 24-28).

5세기 중반 이후 고령에서는 자체적으로 마구를 생산하기 시작했으 며, 5세기 3/4분기가 되면 대가야권 중심 집단을 중심으로 기병 및 보병 무장이 발전하게 된다. 중장기병과 장식기병이 확인되며, 경기병 무장도 폭넓게 확인된다. 5세기 말에는 'f자형 또는 내만타원형 판비+검릉형 행 엽'이라는 대가야 독자의 마구가 성립되면서, 장식기병과 경기병 문화가 각지로 확산되기에 이른다(金承新 2016).

한편, 5세기 중반 함안에서는 온전한 마갑 1벌이 확인된 마갑총이 조사되었는데, 함안 특유의 소찰로 구성된 점이 특징이다. 5세기 후반이

....

其政長御安民也, 治15年, 永初2年辛酉5月12日崩, 王妃道寧大阿干女福壽, 生子吹希."

[그림 9] 함안 마갑총 출토 마갑(국립김해박물관 제공)

되면 신라의 영향과 함께 대가야의 영향도 확인되는데, 이러한 상황은 6세기까지 지속된다. 특히 신라가 독자적인 장식마구를 창안하고 대가야 또한 독창적인 마구 조합을 구축한 것에 비해 함안의 아라가야는 그런 면모가 보이지 않고 있다. 이는 제작 기술 수준이 떨어졌다기보다는 아라가야 내부에서 장식 마구의 생산과 수요가 그다지 성행하지 않았음을 보여주는 것이 아닐까 싶다(이현정 2016, 338-342).

마지막으로 5세기 말이 되면 부산(연산동 M3호), 함안(도항리 8호), 합천(옥전 20·M1호) 이외의 지역에서 더 이상 마갑의 부장 양상이 확인되지 않는데, 특히 경주(신라), 김해(금관가야), 고령(대가야) 등 각지의 중심 세력이라고 볼 만한 곳에서 더 이상 마갑이 위세품 및 부장품으로서의 의미를 갖지 못한다는 점이 주목된다.

가야는 상대적으로 신라보다 마갑 관련 자료가 많으며, 각 자료마다 시기차나 지역차가 간취되기 때문에 그 차이만큼 중장기병 문화에 대한 인지나 대응 역시도 다양했다고 볼 수 있겠다. 400년 남정으로 인해 경주 일대와 낙동강 유역에는 고구려 중장기병의 위력이 큰 충격을 주었는데, 그 충격이 곧바로 가야 각지의 기마문화에 곧바로 영향을 미치지는 못했던 것 같다. 다만 다음의 몇 가지 단계를 거쳐 순차적으로 영향을 끼쳤다.

첫째, 고구려 보기 5만에 의해 가야 각지의 군사력 상당수가 분쇄되어 재정비의 시간이 필요했던 것 같다. 倭로 지칭되는 집단이 신라 경내에 가득했고, 고구려군은 이를 몰아내고 임나가라 종발성까지 쫓아갔다. 그 실체 여부를 떠나 신라도 대적할 수 없을 정도의 경상도 내 군사력을 보유한 집단이 고구려 보기 5만에 의해 분쇄됐다면, 그 지역 내 갑작스러운 군사력의 공백은 심각한 수준이었을 것이다. 아마 고구려군 중 일부는 낙동강 유역에 그대로 주둔했을 것이며, 그 형태는 경주의 신라토내당주와 비슷했을 것이다. 그리고 가야 지역 내 군사력이 재정비되기까지는 적지 않은 시간과 자원이 투영되었을 텐데, 그러다보니 처음부터 고구려의 중장기병 문화를 도입하거나 이를 變容할 여유가 없었을 가능성이 있다.

둘째, 400년 이후 신라가 지역 패권을 주도하게 되었고 그 배경에 고구려가 존재한다는 것은 부정할 수 없는 사실이다. 고구려의 보호 아래 성장하게 된 경주가 김해, 부산 등 인접한 諸 세력을 압도할 수 있게 되었고,[67] 고령, 함안, 합천, 고성 등 가야 각지로 신라의 영향력이 확산하게 되었다. 가야 문화권 내 諸 세력은 고구려와 직접 교류하거나, 고구려의 보호를 받는 신라와 교류하거나, 이들과 적대하며 독자적인 관계를 유지하는 것 중에서 선택할 수 있는 것이 많지 않았을 것이다. 5세기 초 이후 100년 이상 금관가야 왕실이 신라 고위층의 딸을 왕비로 맞이했다는 기록은 당시 상황을 잘 대변해주고 있다. 그렇게 가야 각국은 신라 또는 고구려와 우호적인 관계를 맺으면서 정치적으로는 상하 관계에 놓였을지 모르지만 경제·문화적으로는 선진 문물을 받아들이기 시작한다.

셋째, 정치·경제·군사적 이유로 중장기병 문화 도입에 소극적이었던 신라와 달리 가야 각국은 중장기병이라는 新병종에 주목했던 것 같다. 이는 완성형인 III형 마갑과 마주가 확인된 경주에서 그 이후 중장기병의 운용 및 재지화 과정에 별다른 관심을 보이지 않는 것과 달리 가야 각지에서는 마갑 생산에 박차를 가했기 때문이다. 특히 이른 시기부터 기마문화가 정착했던 부산을 비롯해 고령, 함안, 합천 등지에서 중장기병용 마갑

....

67   창녕지역 고분에서 낙동강 이동 양식 토기와 신라식 위세품만이 출토된 점을 보면 이들은 5세기 초 고구려의 남정 결과로 이해할 수 있다(이희준 2017, 51). 해당 고고학적 상황을 본다면, 고구려의 후광을 입은 신라는 5세기 초 부산, 김해뿐만 아니라 창녕지역까지도 영향력을 끼쳤다고 해석 가능하다.

이 다수 확인된다. 단, 차이점이라면 완성형인 III형 마구가 등장하기까지 어느 정도 시간이 걸렸다는 점이다. 부산 학소대 1구 2·3호와 함안 마갑총, 그보다 후행하는 고령 지산동 75호와 합천 옥전 28호는 모두 고구려 마갑에서는 확인할 수 없었던 II형 마갑으로 이는 기존에 인식해왔던 재지계 기마 문화에 고구려 또는 고구려의 영향을 받은 신라로부터 III형 마갑의 정보를 획득해 변용한 결과물이라고 볼 수 있다. 즉, 신라의 중장기병 문화와 달리 가야의 중장기병 문화는 선진적인 고구려 문화의 직접 이입보다는, 각지 수장층의 필요에 의한 문물 수입의 결과였던 셈이다.

넷째, 기본적으로 중장기병이 전장에서 위력을 발휘하기 위해서는 일정 규모 이상의 대형을 이룰 수 있는 규모가 되어야만 했다. 그리고 중장기병과 함께 보조를 맞출 보병과 경기병 역시 갖추고 있어야만 했다. 이는 곧 충분한 양의 말과 숙달된 기수를 갖추어야만 함은 물론 체계적인 말 사육 시스템과 공간, 충분한 자원, 다량의 갑주를 생산하기 위한 철과 이를 가공할 수 있는 솜씨 좋은 야장 집단의 확보 등이 뒷받침되어야만 한다는 의미이다. 그런 측면에서 가야 역시 신라와 비슷한 상황에 놓였을 것이라고 생각한다. 하지만 이미 군사력의 불균형이 심화된 상태에서 가야 각국은 이를 타개하기 위한 수단으로 중장기병 도입을 가속화했던 것이 아닐까 싶다.

이를 종합해보면 가야 각국은 신라와 달리 고구려 보기 5만의 피해를 직접적으로 입은 당사자로서 중장기병 문화의 수용에 적극적이었음을 알 수 있다. 하지만 고구려가 낙동강 유역에 군사적 거점을 마련하고, 고구려의 후광을 등에 업은 신라가 경상도 일대의 패권을 장악한 5세기 초반 직후에는 親고구려, 親신라 노선을 견지하며 再起를 노리는 수밖에 없었다. 그 과정에서 어느 정도 국가 권력을 회복한 뒤 각지에서 마갑 생산이 이루어지고 고총고분 시대에 돌입하면서 경쟁적으로 마갑을 생산했던 것으로 보인다.

당시 신라는 고구려의 보호 아래 정치·경제적으로 안정기를 맞이하여 다량의 장식마구를 부장한 대형 적석목곽분을 축조하고, 이를 기반으로 주변 지역으로 영향력을 확대하였다. 하지만 가야 각국은 정치·군사적으로 끊임없는 긴장 관계에 놓였고, 개별적으로 고구려, 백제, 신라, 왜 등과 교류하면서 성장을 거듭하였다. 그 과정에서 김해는 일찍부터 정치적으로 신라와 밀접한 관계를 맺게 되었고, 부산 역시 토기양식의 신라화가 이루어지는 등 신라의 영향력이 크게 확대되었다. 이러한 양상은 신라가 親고구려 노선을 걷다가 5세기 중후반 이후 親백제 노선으로 외교 노선을 변경한 이후에도 지속되었고, 6세기를 넘어서면서 가야 각지에 대한 신라와 백제의 영향력이 확대되어 가야 각국의 勢가 감소-소멸기를 겪을 때까지 계속된다. 그 사이에도 가야 각국은 自救策을 마련하기 위해 끊임없이 노력했는데 그중 하나가 바로 중장기병 문화의 적극적인 도입이었다고 생각한다. 실제 가야 각국이 육성한 중장기병이 전력화에 성공해 실제 전장에서 운용되었는지 여부까지는 알 수 없다. 하지만 7세기 초 신라도 1개 부대만 운용했던 중장기병을 가야가 과연 제대로 전력화를 이루었을지는 의문이다.

아마 국력 차이를 감안했을 때 가야 각국이 수십~수백 기 내외의 중장기병을 운용했을 수는 있다. 만약 그렇다고 한다면 이들은 수장층 또는 지휘관을 호위하거나, 필요한 경우 전장에 투입되어 소규모 군사작전을 수행하는 정도였을 것이라고 생각한다(신광철 2018b, 49). 더불어 그 정도 규모의 중장기병을 운용했다고 하더라도 가야 각국이 독자적으로 고구려, 백제, 신라 등과 전투를 벌이기는 힘들었을 것이며,[68] 오히려 평시에는 왕과 왕실의 近侍, 전시에는 타국에 대한 군사지원 및 국내 치안 확보 등에 동원되지 않았을까 싶다.

....

68 5세기 후반 전성기를 맞이하는 대가야는 6세기 초를 전후해 영역국가로 발돋움하는 양상이 확인되지만, 소가야와 아라가야 등 가야 각국을 완벽하게 통합하지 못했다. 이는 5세기 초 이후 약 100년간 가야 각지에서 세력 확장, 통합, 국지전 등의 움직임이 있었음을 시사하며, 그 과정에서 가야 諸國 간 경쟁이 가야 각지에서 중장기병 육성을 가열시킨 원인은 아니었을까 조심스럽게 추정해본다.

IV. 결론: 사실과 희망 사이

한동안 중장기병이 고구려의 영토 확장과 맞물려서 절대 무적의 병종처럼 인식되던 때가 있었다. 4~5세기 당시 고구려군의 주력이 중장기병이었으며, 중장기병 덕분에 고구려가 백제, 신라를 압도할 수 있었다는 시각 때문이었다(이인철 2000). 실제 중장기병이 4~6세기 동아시아에서 폭발적으로 유행하던 시기가 있었으며, 각지에서 중장기병을 운용한 것도 사실이다. 오호십육국 시기 중원 깊숙이 침투하게 된 여러 기마유목집단은 이전까지 자신들이 추구했던 '속도'와 '기동성'에 기반을 둔 기병 전술의 효과가 감소했다는 것을 인지하였다. 그리고 초원에 구축한 유목국가와 달리 정주국가의 일원으로서 경기병에만 의존하는 전술은 수정되어야만 했다. 그 결과, 궁시와 노, 장창과 방패 등으로 무장한 보병방진 및 중갑보병과도 싸울 수밖에 없었기에, 기병에 개마를 씌어 방호력을 증대시켰다. 그 결과, 일찍부터 개마 생산 전통이 강하고 인적·물적 자원이 풍부했던 하북지역을 중심으로 활동했던 선비족에 의해 중장기병이 대량 육성·운용되기 시작하였다.

그리고 선비족과 수세기에 걸쳐 대립했던 고구려 역시 자연스럽게 화북지역의 국제정세에 발맞춰 중장기병 문화를 접하고 이를 도입하기에 이르렀다. 4세기 후반~5세기 전반 고구려 특유의 마갑과 마주를 갖춘 중장기병이 고구려 전체 군사편제 중 일익을 담당하여 전장에서 활약하였고, 고구려 중장기병은 5세기 초 대거 한반도 남부로 진군하였다. 하지만 중장기병은 막대한 육성·유지비로 인해 무한정 생산할 수 없었고, 단독 작전이 가능했던 경기병과 달리 보병, 경기병과 보조를 맞추어야만 효과가 극대화되었기 때문에 풍부한 말과 기수, 대량의 철제무구류가 뒷받침되지 않으면 섣부르게 운용할 수 없는 병종이었다.

그렇기에 신라는 중장기병 문화 도입에 소극적이었다. 투자 대비 효과가 낮은 전략 물자에 자원을 쏟는 것은 비효율적이었기 때문이다. 이후 이전의 군사문화 전통에 따라 경기병을 꾸준히 운용하고 새롭게 弩에 대한 투자를 지속하여 당에서도 탐낼 만한 수준까지 이를 발전시켰다. 더불어 장창보병대를 육성하는가 하면 步騎 혼성군을 편성해 대규모 기병대에 대비하였으며, 중장기병은 1개 부대 정도만 유지하는 선에서 그쳤다.

하지만 가야는 이와 상황이 달랐다. 고구려 중장기병의 위력을 직접 경험한 피해자였기에 재기를 위한 새로운 전환점이 필요했다. 400년 이전까지 경쟁국이었던 신라를 따라잡기 어려운 상황이 오면서 신라를 압도할 만한 전력을 확보하기 위해, 한편으로는 가야 각지에서 재기하는 여타 경쟁 세력들과의 우위를 확보하기 위해서 非對稱戰力(Asymmetric Force)이 필요했던 것이다. 이와 발맞추어 고령, 함안, 합천 등지에서 중장기병용 마주와 마갑의 부장 사례가 늘어나게 되는데, 마갑 중 일부는 완성형 III형 마갑의 전통을 충실히 따르지만, 일부는 재지화된 마갑의 형태로 확인된다. 이는 고구려로부터 중장기병 문화를 안정적으로 받아들인 신라와 달리 가야 각국이 자신들의 필요에 의해 선택적으로 중장기병 문화를 도입하다 보니 생겨난 결과가 아닐까 싶다.

즉, 완성형 III형 마갑까지 필요하지 않은 상태에서 국력이 허용하는 한 효율적인 형태로 마갑을 갖추게 되었고, 그 결과 마주와 마갑을 모두 갖춘 경우보다 마주 또는 마갑만 갖춘 경우가 더 많이 확인된다. 이는 완성형인 III형 마갑을 착장한 중장기병을 운용했던 고구려와 그렇지 않은 가야의 중장기병은 운용 범위, 적용 전술 자체가 달랐다는 의미가 된다. 장창보병대의 공격을 방어하기 위해 전마에 착장시킬 경갑과 흉갑이 중요하다고는 하지만, 적 전방을 향해 돌격하는 중장기병의 특징상 마주의 유무는 굉장히 중요한 문제이다. 그럼에도 불구하고 고구려 고분벽화에서는 중장기병이 모두 마주를 착장한 반면, 가야에서는 그 사례가 적어[69] 고

....

69 김혁중에 의하면 마주와 마갑이 출토된 전체 34개 사례 중 마주와 마갑이 모두 확인된 경우는

[그림 10] 국보 제275호 도기 기마인물형 각배(左/中)(국립경주박물관 제공)와 개인 소장품 기마인물형토기(右)(박천수 2010, 480)

구려와는 다른 방식으로 중장기병을 운용했음을 어렵지 않게 추측할 수 있다. 가야 각국은 5세기 내내 경쟁적으로 중장기병을 육성하고 그 사이 김해와 경주에서는 더 이상 마갑이 부장되지 않게 된다. 특히 함안과 합천에서 중장기병 문화가 오래도록 지속되는데, 이는 출토지 논란이 있는 국보 제275호 도기 기마인물형 각배와도 연결시켜 이해할 수 있다.

해당 토기는 왼손에 장방형의 대형 방패를, 오른손에 창[70]을 들고 있는 기수가 마갑으로 무장한 전마 위에 올라타 있는 형상을 하고 있다. 전마는 마주 없이 흉갑과 신갑만 착장하고 있는데, 이는 II-1형에 가깝다. 일단 마주가 없다는 점에서 가야 지역에서 생산된 것으로 볼 수 있고,[71]

....

부산 연산동 M3호, 함안 도항리 6호, 도항리 (현)8호, 마갑총, 합천 옥전 28호, M1호, 경주 황남동 109호 3·4곽, 사라리 65호, 쪽샘 C10호 등 9개 사례에 불과하다(2019, 143). 특히 경주에서 확인된 3개 사례에 마주+마갑 조합이 있다는 점은 신라와 가야 각지의 중장기병 문화 도입 초기의 상황이 달랐음을 보여주는 결과라고 할 수 있다.

70 이를 투창으로 보는 견해(송영대 2018)와 그렇지 않은 견해(申光澈 2018b)가 있다. 송영대는 신라와 가라가 즉각적으로 고구려의 중장기병을 도입하려고 하였으나, 기마문화에 익숙하지 않은 관계로 고구려에 필적하는 위력을 곧바로 발휘하지 못했다고 보았고(2018, 27), 그런 의미에서 투창을 사용하는 과도기적 모습을 보인다고 해석했다. 하지만 고고학적으로 한반도 남부는 중장기병 문화 도입 이전에 오랜 기간 기마문화를 인지·접촉하고 있었다.

71 홍보식은 김해에서 지금까지 출토된 상형토기가 별로 없고, 경주에서 기마인물형토기가 출토된 전례가 있기에 [그림 10]의 두 기마인물형토기 모두 경주 출토품일 가능성이 높다고 보고

가야에서 고구려-신라계 중장기병 문화를 도입하면서 변용한 중장기병을 형상화한 것이라고 판단된다. 기수의 갑주 역시 고구려 중장기병과는 차이가 있으며, 들고 있는 무구류를 보면 대열을 이루어 적진을 향해 돌격하는 모습을 표현한 것 같지는 않다. 이 또한 고구려 중장기병의 운용 방식과 다른데, 당시 가야 중장기병이 어떻게 운용되었는지 추정 가능케 한다(申光澈 2018b).

한편, 출토지로 알려져 있는 김해는 5세기 초반 신라와 정치적으로 밀접한 관계에 놓이게 되고, 5세기 2/4분기를 맞이하면서 지역 수장층의 흔적을 찾아볼 수 없게 되었다. 즉, 쇠퇴 일로를 걷고 있는 상황에서 鎧馬와 같은 고비용의 전략 물자에 투자하기는 힘들었을 것이며, 당연히 이러한 기마인물형토기를 생산할 필요도 없었을 것이다.[72] 신라의 영향이 미치기 시작하면서 중장기병보다는 기존의 경기병 문화가 지속되었을 가능성이 높으며, 무엇보다도 김해는 古김해만을 중심으로 한 교역 활동이 주로 이루어지던 곳으로 해상 전력에 대한 의존도가 지상 전력에 대한 의존도보다 높았을 것이다. 고김해만에 대한 고지형분석 결과를 보면 봉황동유적과 북쪽의 대성동고분군 등 당시 금관가야의 중심지 주변으로 넓게 갯벌과 하천이 자리 잡은 것을 알 수 있으며, 실제 현재 김해시가지 북쪽의 구릉 사면부에 가야시대 유적이 집중되어 있는 것을 볼 수 있다. 즉, 금관가야 쇠퇴기까지 고김해만은 상류의 퇴적물로 인해 기능을 상실하

....

있다(2015, 40). 하지만 일반 기마인물상과 중장기병은 분명한 차이가 있고, 상형토기가 당대사를 반영한다는 의미에서 봤을 때 단순히 말 위에 기수가 올라가 있다는 모티프에만 집중해서는 안 된다고 생각한다.

72　수나라가 이전 시기의 중장기병 전통을 고집해 고구려 침입 시 10만에 가까운 중장기병대를 동원한 일, 고구려가 성곽을 중심으로 한 방어전에서 여러 차례 적을 격퇴하자 천리장성으로 대변되는 성곽방어체계를 더욱 공고히 했다가 대규모 수군을 이용한 상륙전에 대한 대비가 소홀했던 일 등은 모두 '전략적 경직성(Strategic flexibility)'을 보여주는 사례라고 할 수 있다. 마찬가지로 해상활동을 주로 펼치며 보병과 경기병 위주의 군사편제를 갖추었던 가야가 갑자기 중장기병 문화를 도입하는 것은 쉽지 않은 일이었을 것이다. 특히 고구려 남정군에 의해 기존 군사력이 모두 분쇄된 상태에서 곧바로 신라의 정치·문화적인 침투가 진행된 상태에서는 더더욱 힘든 일이었을 것이라 생각한다.

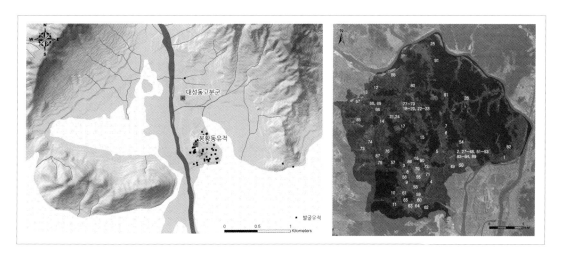

[그림 11] 고김해만의 고지형 분석 결과(강동석 2018, 176)와 김해 시내 가야 유적 분포도(국립가야문화재연구소 2018, 59)

지 않고 항구로서의 역할을 다했음을 알 수 있다.

　더불어 마갑 부장 양상이 갑자기 함안과 합천 등 내륙 등지에서 시작되는 점, 김해와 마찬가지로 해양활동의 중심지로 주변 지역과 활발하게 교류활동을 펼쳤던 고성에서 중장기병 문화 요소가 확인되지 않는 점 등을 보면, 김해가 왜 중장기병 문화를 채택하지 않았는지 쉽게 이해할 수 있을 듯싶다.

　이상 4~6세기 동아시아를 유행처럼 휩쓴 중장기병 문화가 고구려를 거쳐 한반도 남부에 전파되었을 당시의 상황을 개략적으로 정리해 보았다. 중장기병은 분명 매력적인 병종이며, 위력 또한 대단했다. 하지만 그것은 시대적 필요성에 의해 '기병'이라고 하는 병종이 갖는 고유 특성을 잠시 포기해야만 하는 상황에 등장한 기형적인 존재였다. 그럼에도 그 일면만 보고 중장기병의 장점에만 집중하는 것은 당대사를 이해하는 데 장애가 될 것이다. 또한, 중장기병이 갖고 있는 편향된 이미지에 경도되어 국보 제275호 기마인물형 각배와 관련된 논란이나 사회적 이슈에 휩쓸리는 것 또한 지양해야 한다고 생각한다. 사실과 희망은 분명히 구분되어야 하며, 그 사이에서 올바른 시각을 갖추어야만 중장기병에 대한 환상을 거두고 그 실체에 올바르게 접근할 수 있을 것이다.

참고문헌

『三國史記』『三國遺事』

『戰國策』『鹽鐵論』『資治通鑑』『太平御覽』〈冊丘儉紀功碑〉

『史記』『漢書』『後漢書』『三國志』『晉書』『宋書』『魏書』『北史』『隋書』『舊唐書』『新唐書』

Herodotus, *The History.*

Xenophon, *The Anabasis.*

Arrian, *The Anabasis of Alexander.*

Plutarch. *Life of Crassus.*

강동석, 2018, 「고김해만 일대 금관가야의 도시 경관」, 『제42회 한국고고학대회 발표자료집』, 한국고고학회.

강유신, 2002, 「韓半島 南部 古代 馬具의 系統」, 『淸溪史學』 16·17.

강인욱, 2006, 「고구려 鐙子의 發生과 유라시아 초원지대로의 전파에 대하여」, 『북방사논총』 12.

_____, 2010, 「기원전 4~서기 1세기의 고고학자료로 본 흉노와 동아시아-흉노학의 정립을 위한 토대구축을 검하여-」, 『中央 아시아 硏究』 15.

강현숙, 2008, 「古墳 出土 甲冑와 馬具로 본 4, 5세기의 新羅, 伽倻와 高句麗」, 『新羅文化』 32.

국립가야문화재연구소, 2018, 『가야 발굴조사 자료편 I』.

국립경주문화재연구소·경주시, 2018, 『慶州쪽샘地區 新羅古墳遺蹟 IX-C10호 목곽묘·C16호 적석목곽묘 발굴조사 보고서-』.

金斗喆, 2000, 「韓國 古代 馬具의 硏究」, 東義大學校 大學院 博士學位論文.

_____, 2017, 「연산동고분군과 고대 부산」, 『항도부산』 34.

김성호, 2018, 「삼국시대 마갑 연구」, 부산대학교 대학원 석사학위논문.

_____, 2019, 「삼국시대 영남지역 출토 마갑 구조 연구」, 『韓國考古學報』 111.

金承新, 2016, 「大加耶圈 古墳 出土 武裝의 類型과 展開에 대한 硏究」, 慶尙大學校 大學院 碩士學位論文.

김일규, 2018, 「금관가야고분 출토 외래유물의 성격과 의의」, 『湖南考古學報』 60.

김정숙, 2003, 「신라 사회에서 말의 사육과 상징에 관한 연구」, 『韓國史研究』 123.

김혁중, 2019, 「기마인물형토기와 가야 중장기병의 실체」, 『가야 기마인물형토기를 해부하다』 제25회 가야사국제학술회의, 김해시·인제대학교 가야문화연구소.

柳昌煥, 2010, 「三國時代 騎兵과 騎兵戰術」, 『韓國考古學報』 76.

리광희, 2005, 『고구려 유물 연구』, 과학백과사전출판사.

박천수, 2010, 『가야토기: 가야의 역사와 문화』, 진인진.

배은숙, 2017, 「359년 아미다(Amida) 전투에 나타난 샤푸르 2세(Shapur II)의 군사적 능력」, 『大丘史學』 129.

徐榮敎, 1998, 「新羅 長槍幢에 대한 新考察」, 『慶州史學』 17.

_____, 2004, 「高句麗 壁畵에 보이는 高句麗의 戰術과 武器-기병무장과 그 기능을 중심

으로-」,『고구려연구』17.

_____, 2010,「新羅 步騎와 步騎幢」,『大丘史學』101.

成璟瑭, 2009,「韓半島 靑銅武器 硏究-中國 東北地域과의 比較-」, 全南大學校 大學院 博士學位論文.

손경호, 2018,「마케도니아군의 군사개혁과 성과-필립 II세의 개혁을 중심으로-」,『서양역사와 문화 연구』46.

孫璐, 2009,「동북아시아 3~6세기 등자 고찰」, 全南大學校 大學院 碩士學位論文.

_____, 2012,「고대 동북아시아 차마구와 기마구의 변천」, 전남대학교 대학원 박사학위논문.

송계현, 2005,「桓仁과 集安의 고구려 갑주」,『북방사논총』3.

송영대, 2018,「高句麗 南征 이후 新羅·加羅의 전술 변화 고찰」,『한국고대사탐구』30.

申敬澈, 1985,「古式鐙子考」,『釜大史學』9.

_____, 2000,「金官加耶의 成立과 聯盟의 形成」,『加耶各國史의 再構成』, 혜안.

신광철, 2018a,「VI. 고찰」,『세종 금이성 - 1차 시·발굴조사 보고서 - 』, 한국고고환경연구소·세종특별자치시.

_____, 2018b,「國寶 第275號 陶器 騎馬人物形 角杯와 騎兵戰術」,『新羅文物硏究』11.

_____, 2019,「아차산 보루군의 변천사와 고구려 남진경영」,『高句麗渤海硏究』63.

양시은·G.에렉젠, 2017,「몽골지역 흉노시대 분묘연구」,『중앙고고연구』22.

余昊奎, 1999,「高句麗 中期의 武器體系와 兵種構成-古墳壁畵를 중심으로-」,『韓國軍事史硏究』2.

_____, 2012,「4세기-5세기 초 高句麗와 慕容'燕'의 영역확장과 지배방식 비교」,『한국고대사연구』67.

魏存成, 2001,「高句麗 馬具의 發展과 周邊民族 및 地域과의 關係」,『高句麗硏究』12.

이상훈, 2011,「新羅의 軍事 編制單位와 編成規模」,『歷史敎育論集』46.

이승호, 2015,「「毌丘儉紀功碑」의 해석과 高句麗·魏 전쟁의 재구성」,『목간과 문자』15.

이인철, 2000,「4~5세기 고구려의 남진경영과 중장기병」,『고구려의 대외정복 연구』, 백산자료원.

이현우, 2020,「중국 출토 마주와 마갑 검토」,『말, 갑옷을 입다』, 국립경주문화재연구소·국립경주박물관.

이현정, 2014,「신라의 말과 마구」,『신라고고학개론』下, 진인진.

_____, 2016,「가야의 말과 마구」,『가야고고학개론』, 진인진.

이홍두, 2012,「고구려의 남방 진출과 기마전-특히 강화만하구 진출을 중심으로-」,『軍史』85.

_____, 2013,「고구려 胡馬의 유입과 鐵騎兵」,『역사와 실학』52.

이희준, 2017,『대가야고고학연구』, 사회평론아카데미.

전호태, 2017,「고구려(高句麗)와 모용선비(慕容鮮卑) 삼연(三燕)의 고분문화」,『동북아역사논총』57.

정동민, 2008,「高句麗 重裝騎兵의 特徵과 運用形態의 變化-古墳壁畵資料를 중심으로-」,『한국고대사연구』52.

＿＿＿, 2017,「고구려 騎乘用 馬具의 출토 양상과 계통」,『역사문화연구』64.

정호섭, 2010,「高句麗 壁畵古墳의 編年에 관한 檢討」,『先史와 古代』33.

《조선유적유물도감》편찬위원회, 1990a,『조선유적유물도감』5.

《조선유적유물도감》편찬위원회, 1990b,『조선유적유물도감』6.

조윤재, 2015,「考古資料를 통해 본 三燕과 高句麗의 문화적 교류」,『先史와 古代』43.

주정율, 2014,「기병 돌격 전술의 쇠퇴와 기병 개혁의 실패: 프로이센-프랑스 전쟁 (1870~1871)을 중심으로」,『서양사연구』51.

崔鍾圭, 1983,「中期古墳의 性格에 대한 약간의 考察」,『釜大史學』7.

허정윤, 2018,「경주 쪽샘유적 C10호와 C16호 출토 금속유물의 특징과 시기 검토」,『慶州 쪽샘地區 新羅古墳遺蹟 Ⅸ-C10호 목곽묘·C16호 적석목곽묘 발굴조사 보고서-』, 국립경주문화재연구소·경주시.

홍보식, 2015,「신라·가야지역 象形土器의 변화와 의미」,『韓國上古史學報』90.

洪善杓, 2001,『고대 동아시아의 말그림』, 한국마사회·마사박물관.

Anthony, David W., and Dorcas Brown, 2000, "Eneolithic horse explaitation in the Eurasian steppes: Diet, ritual, and riding," *Antiquity* 74.

Barfield, Thomas J., 2009,『위태로운 변경-기원전 221년에서 기원후 1757년까지의 유목제국과 중원』, 윤영인 역, 동북아역사재단.

Di Cosmo, Nicola, 2005,『오랑캐의 탄생-중국의 만들어 낸 변방의 역사-』, 이재정 역, 황금가지.

Grousset, Rene, 19998,『유라시아 유목제국사』, 김호동 외 역, 사계절.

Kelekna, Pita, 2019,『말의 세계사』, 임웅 역, 글항아리.

Levine, marsha, 1990, "Dereivka and the problem of horse domestication," *Antiquity* 64.

Mallory J.P. 1989, *In Search of the Indo-Europeans*, Thames and Hudson.

May, Timothy, 2009,『몽골병법: 칭기즈칸의 세계화 전략』, 신우철 역, 코리아닷컴.

Nefedkin, Alexander K. 2006, "The Tactical Development of Achaemenid Cavalry," *GLADIUS* 26.

Tekin, Talat, 2008,『돌궐비문연구-퀼 티긴 비문, 빌게 카간 비문, 투뉴쿠크 비문-』, 이용성 역, 제이앤씨.

White, Lynn, Jr. 1962, *Medieval Technology and Social Change*, Oxford.

Yun, Peter, 2005,「몽골 이전 동아시아의 다원적 국제관계」,『만주연구』3.

刘斌, 2007,「十六国北朝时期的甲骑具装及甲骑具装俑研究」, 山西大學校 大學院 碩士学位 论文.

始皇陵考古队, 2001,「秦始皇陵园 k9801 陪葬坑第一次试掘簡报」,『考古与文物』2001-1.

杨泓, 2005,『古代兵器通论』, 紫禁城出版社.

王巍, 1997,「從出土馬具看三至六世紀東亞諸國的交流」,『考古』1997-12.

遼寧省文物考古研究所 編, 2002,『三燕文物精粹』, 遼寧人民出版社.

袁仲一, 2002,「秦代的甲冑和马甲浅析」,『秦文化論叢』9.

堀田啓一, 1979,「高句麗壁畵古墳にみえる武器と武裝」,『展望アジアの考古學』, 新朝社.

朝鮮画報社, 1989, 『高句麗古墳壁畵』, 圖書出版 民族文化.

增田精一, 1996, 『日本馬事文化の原流』, 芙蓉書房.

本村凌二, 2005, 『말이 바꾼 세계사-말은 세계사를 어떻게 변화시켰는가-』, 최영희 역, 가
람기획.

篠田耕一, 1992, 『무기와 방어구(중국편)』, 신동기 역, 들녘.

「4~6세기 중장기병 문화의 유행과 신라·가야의 대응전략」을 읽고

이현주 부산박물관

중장기병에 대한 논의는 한국뿐만 아니라 전 세계 고대 전쟁사에서 매우 매력적인 단어 중 하나일 것이다. 신광철선생의 논문 역시 한국 고대사에 국한하지 않고 중앙아시아 너머 페르시아, 마케도니아, 스키타이, 로마, 비잔틴군대까지의 중장기병의 운용을 섭렵하였으며, 동아시아로 넘어와서는 중국 전국시대부터 한~위진남북조시대에 이르기까지의 중장기병의 검토를 통해 전차운용과 중장기병의 연결성, 유목민의 중원화 과정, 중장기병의 도입 원인과 운용, 고구려로 전파 과정 등을 광범위하게 다루었다.

이 과정에서 중장기병의 특징을 첫째, '속도'는 포기하지만 '방호력'이라는 측면에서 효과를 극대화시킨 병종이란 점, 둘째, '장창을 이용한 충격전술'에 최적화하여 전투 파괴력을 극도로 끌어올린다는 점을 들고 있다. 반면에, 단독으로 운용할 수 없어 보병과 기병과의 합동작전이어야 가장 효과를 볼 수 있다는 점과 중장기병의 유지비용과 전투효용성을 대비해 봤을 때, 소위 가성비가 떨어지는 병종이라는 점도 함께 분석해 놓았다.

또한 4~6세기 동아시아에서 중장기병이 폭발적으로 유행하였고, 고구려 군사체제에서도 중요한 부분을 담당했지만, 한반도 남부지역 특히 신라에서는 활성화되지 못했다는 의견을 제시하셨다. 여기서 첫 번째 질문을 드리고 싶다.

발표자가 가지고 있는 5세기 대 신라사회의 군사체계에 대한 평소 생각이 궁금하다. 400년 고구려 남정을 계기로 양국 간의 친밀함이 증진

되고 이것이 정치·경제적인 안정감으로 나아가다보니, 신병종의 도입과 군제개혁의 필요성에 느슨해진 사회적 분위기였다고 이해하시는 것 같다.

그러나 4세기 후반부터 이웃의 백제 근초고왕은 왕권 강화와 주변국에 대한 정복활동이 활발하여 어느 때보다 막강한 군사력을 보유한 상태였다. 371년에는 평양성을 치고 고국원왕까지 전사시키는 대승을 거두고, 대방의 옛 영토까지 차지했다. 신라 역시 주변 지역을 통합해 나가며 성장의 일로로 나아가려는 가운데 백제와 긴밀한 왜의 침공을 자주 받으면서 역으로 고구려와 관계를 맺게 되고, 한반도는 고구려-신라라는 동맹축과 백제-가야-왜의 동맹축이 대치하는 극도의 긴장이 고구려의 신라구원을 계기로 충돌하게 된 것이다. 이러한 상황이 고구려의 보호아래 신라가 새로운 군사체제를 받아들이는 데 안이할 수 있는 상황일까 싶다. 오히려 고구려의 통제로 인해 신라사회로서는 어쩔 수 없는 선택이었다면 모르겠다.

또한 4~5세기 신라 분묘에서 출토되는 무기체계로는 신라중심부의 무장은 상당히 상징적인 의미만을 가지고, 대체로 주변의 군사적 요충지(영천 화남리, 울산 중산리, 포항 옥성리, 울산 조일리 등)에서는 무장이 강화되어 중앙을 방어하는 군사체계를 표현한다고 생각된다. 이런 점에서 대해서는 어떻게 생각하시는지도 궁금하다.

둘째, '신라토내당주'를 언급하시면서 고구려군의 가야지역 내에서 일정 기간 주둔 가능성을 제시하셨다. 고구려군대가 신라 영토 내에 일정 기간 주둔했다는 사실에 대해서는 누구나 부인할 수 없지만, 가야 영토 내에 주둔했다는 점에 대해서는 회의적이다. 더구나 낙동강 주변에 군사적 거점을 마련했다고 하는데, 그 기간 동안 고구려의 직접적인 영향이라고 할 만한 증거들이 없기 때문이다. 군사적으로도 적의 땅에 주둔하려면 보급로의 차단으로 인해 고립되는 엄청난 위험부담이 있는 전투인 것이다. 또한 이 시기 전투방식으로는 일반적인 경우는 아니며, 이른바 '치고 빠지는' 속전속결의 전투방식이 대부분이다. 고구려의 중장기병의 가야의 영역을 시위하기만 해도 가야사회는 충분히 위협을 느꼈을 것이다. 신광철 선생이 고구려군대가 가야의 영토 내에 주둔했다는 근거를 설명해주기 바란다.

셋째, 가야가 중장기병의 도입에 적극적인 이유를 고구려의 남정의 직접적 피해국으로서 패배의 결정적 요인이었던 고구려의 중장기병 도입하여 재건에 박차를 가하였고, 6세기가 되면서 신라와 백제 등 주변국으로부터의 군사적 압박의 돌파구로 중장기병 양성에 더욱 힘을 쏟았다는 것으로 이해했다. 앞서 발표자가 지적하신 대로 중장기병은 투자 대비 가성비가 떨어지는 군사병종이다. 힘이 쇠락해 가는 가야사회에서 엘리트 군사 1인의 군사장비가 아닌 군대로 편성하기에는 경제적 부담이 크다. 물론 후대의 기록이지만『신당서』에서는 중국 당과 돌궐의 전투에서 당병을 본 돌궐병이 "하마착갑(下馬着甲)"하는 장면이 나온다. 전투에서 어떻게든 말의 중량을 줄이기 위해 평소에는 갑옷을 벗고 있다가 전투시에만 착갑하였다고 볼 수 있다. 말까지 착갑한다면 중장기병은 더 말할 수 없이 운용에 효용성이 떨어지는 병종일 것이다. 더구나 전투에서 한 명의 기병에게 필요한 말은 3필은 있어야 생생함을 유지하여 전투에 임할 수 있고, 수레로 말과 전사의 갑옷을 전투현장으로 실어 나르고 입혀줄 인력까지도 필요하다. 1명의 중장기병에 따르는 말 3필과 전장에서 갑옷을 입혀줄 사람과 수레까지 대동하여, 고구려 약수리 고분벽화처럼 12명의 합동작전과 기병과 보병의 보조하는 전투를 상상한다면, 가야쇠락의 원인 중 하나를 중장기병에서 찾아야 할지도 모르겠다.

그런 점에서 발표자도 가야사회에서 중장기병의 적극적인 운용보다 왕실의 근위부대 정도로 인지하시는 것 같다. 저는 오히려 가야사회 내에서 처음부터 끝까지 군사적 엘리트에게 주어지는 일종의 위세품적인 성격이 강하다고 보는 것이 합리적이지 않을까 싶다. 중장기병의 운용은 상당히 매력적이지만 실제적으로 이를 운용할 사회적 시스템과 지리적 환경, 진법을 구사할 만한 군사기술의 발전하지 못한 상황이라고 판단하기 때문이다. 그럼에도 불구하고 중장기병의 장비가 발견되는 이유는 고구려 삼실총의 공성도에서 보이듯이 양 진영의 군사 엘리트 둘의 전투로 승패를 가릴 때 필요한 장비였지 않았을까 한다. 이에 대한 발표자의 의견도 듣고 싶다.

4

船原古墳の馬冑について

小林啓 九州歴史資料館

I. はじめに

　船原古墳は福岡県古賀市谷山に所在する6世紀末から7世紀初頭の前方後円墳である。2013年3月の発掘調査により古墳の傍らから遺物を埋納した7基の土坑群(以下、遺物埋納坑)が未盗掘の状態で発見されたことで注目を集めることになる。

　7基ある遺物埋納坑の中でも、L字状の形をした1号土坑からは、複数セットの馬具、小札甲などの武具、木製漆塗りの弓や大量の鉄鏃などの武器をはじめとした総数500点を超える遺物が出土した。これまでの調査により、金銅製歩揺付雲珠やガラス装辻金具・雲珠など、学術的・資料的価値の高い遺物が数多く発見されている。

　本稿ではこれら膨大且つ多彩な遺物の中から、日本列島では3例目の発見となる馬冑について、構造や製作技法など馬冑の基礎的な情報について報告する。

II. 船原古墳と遺物埋納坑

1. 船原古墳の概要

　船原古墳が所在する福岡県古賀市は、福岡県の北部を縦断する三郡山地の西側、玄界灘を西に望む平野部に位置する。船原古墳は海岸線から直線距離で約4.7km離れた内陸部にあり、谷山川の右岸に伸びる丘陵の先端部に位置し、古墳からは西に広がる平野部を一望することができる。

　これまでの発掘調査で確認された遺構は、2基の古墳と7基の土坑群で

ある。2基の古墳は、古賀町教育委員会(当時)が行った遺跡等分布調査(古賀町教育委員会1997)で確認されているが、これ以前の福岡県教育委員会による分布調査(福岡県教育委員会1979)では、これら2基とは別にさらに1基の古墳が確認されていた。つまり、船原古墳は少なくとも3基の古墳からなる古墳群と遺物埋納坑で構成されていたと考えられている。

　船原古墳の墳丘は、後世の開墾による改変を受けて遺存状況が悪く、特に前方部の墳端から側面は完全に消失している。そのため、残存している部分から墳丘形態及び規模を推定している。後円部径については、主体部を中心に放射状に設定したトレンチで確認した墳端の位置から24.8mと推定できる。くびれ部は、北東側は主体部から北に向けて設定したトレンチで墳端が確認され、平面的にも確認できる。前方部は、墳丘盛土が後円部北東側の丘陵先端部全域で確認できたことから、この範囲が前方部であったことがわかった。船原古墳の前方部は、墳端に向けて高くなるのではなくなだらかに下ることが確認されている。

　主体部は複室構造の横穴式石室であり、巨石を石材に用いている。石室内は盗掘を受けており、銅地金貼の耳環1点と、銅地に鍍金を施した用途不明の金銅製品が4点出土したのみである。古墳の区画溝から出土した須恵器の編年から船原古墳の築造時期は6世紀末から7世紀初頭と推定できる(森下2016)。

2. 遺物埋納坑の概要

　遺物埋納坑は船原古墳の南西部、横穴式石室の開口部側に位置する。7基ある遺物埋納坑はいずれも船原古墳の主軸もしくは前方部の推定墳袖を意識した向きに設定されており、且つ船原古墳の推定墳長の範囲内に納まる。また、1996年に行なわれた1次調査の際に船原古墳と船原2号墳の間

の区画溝で出土した須恵器片と2013〜2015年の2次調査の際に遺物埋納坑から出土した須恵器片とが接合したことから、古墳と遺物埋納坑とが同時期の関連をもった遺構であることが明らかとなった(岩橋他2017)。古墳に付属した遺物埋納坑の発見は日本列島では初めての事例である。

　遺物埋納坑の中でもL字形の特殊な平面形を呈する1号土坑からは、複数セットの馬具、小札甲や兜などの武具、木製漆塗りの弓・弽・鉄鏃などの武器をはじめとした総数500点を超える遺物が出土している。これらの中には、金銅製歩揺付雲珠やガラス装飾付雲珠・辻金具、馬冑、蛇行状鉄器など同時期の列島で類例が少ない、あるいは類例の無い遺物、朝鮮半島勢力との関係を示す遺物が混在している。1号土坑から出土した遺物は、船原古墳と近畿中央政権及び朝鮮半島との関係を検討する上で重要な意味をもつ稀有な資料群である。

　1号土坑は長軸の長さ5.3m、幅は最も狭い部分で0.8m、南側の幅が広がった部分で2.3m、深さは0.8mほどである。土坑の層序に切り合い関係はなく、遺物の出土状況に不自然な乱れは確認できなかったことから、土坑は一度の掘削によって形成され、遺物を埋納した後に埋め戻されたものと推定している。

　埋納された遺物は、土坑内にほぼ隙間無く複雑に重なり合った状態で出土しているが、平面的には土坑の北側・中央部・土坑の南側の3つのまとまりに区分できる。北側からは漆塗り弓・両頭金具・弽などの武器、鉄製壷鐙・障泥・金銅製鞍などの馬具が出土している。中央部からは小札甲・冑・馬冑などの武具類が出土している。南側からは轡・杏葉・雲珠・辻金具・大小の馬鈴・蛇行状鉄器・鞍金具など多量の馬具が出土している。それらの中には金銅製歩揺付雲珠やガラス装飾付辻金具など列島初出土の遺物が含まれる。遺物の数や密度は南側に集中している。

　また、土坑南側の遺物集中域からは、馬具や武器のほかに鉄釘が十数点出土しており、そのほとんどに錆化した木質が付着している。木質の痕

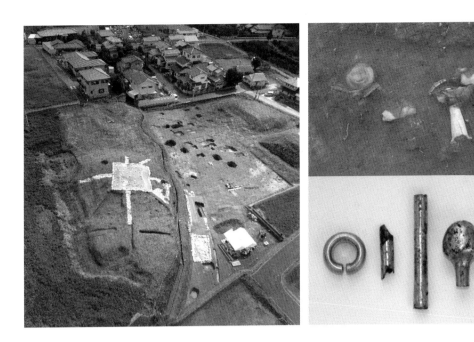

[Fig 1] 船原古墳全景(左)と出土遺物(右)

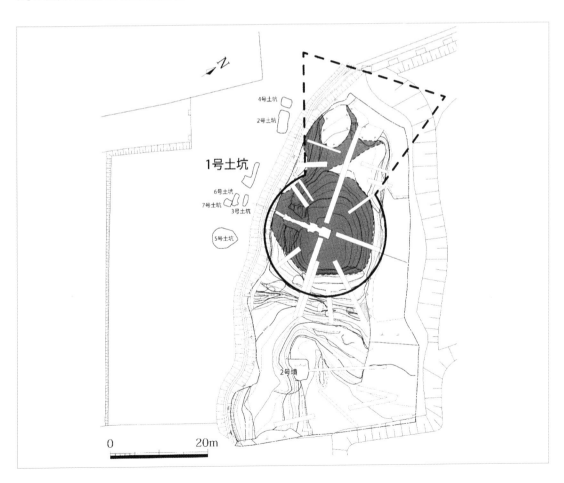

[Fig 2] 船原古墳と遺物埋納坑(岩橋他2017を一部改変)

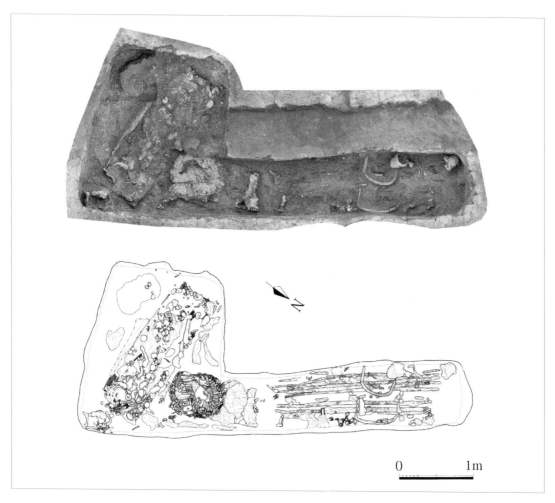

[Fig3] 1号土坑全景(岩橋他2017を一部改変)

[Fig 4] 1号土坑遺物出土状況

跡は土坑の床面付近や重なり合った遺物の最上面付近からも確認できることから、南側の遺物は木製の器物に納められ土坑内に埋納されていたと推測できる。この様な木質の痕跡は中央部の小札甲や馬冑が出土した箇所からも確認されており、1号土坑内の遺物群は、木製器物など何らかの容器に丁寧に納められた状態で土坑に埋納されていたと推定できる。

　この他、1号土坑の時期については、上述する器物の痕跡と推定される木質から採取した試料を対象に加速器質量分析法(AMS)による放射線炭素年代測定をした結果、概ね6世紀後半から7世紀中頃との年代値が得られている(森下2016)。出土遺物の観察所見からも、土坑の時期を船原古墳と同じ6世紀末から7世紀初頭頃と捉えている。

　なお、7基の遺物埋納坑のうち、発掘調査が行われたのは1〜5号土坑の5基であり、6号土坑・7号土坑の2基は遺構保存のため遺構検出までに留めている。

III. 船原古墳の馬冑

1. 出土状況

　馬冑はL字形を呈する1号土坑の中央部付近から出土している。周辺からは小札甲や冑、漆塗りの飾り弓などが出土しており、土坑中央部では馬冑以外の馬具はほとんど出土していない。

　出土直後の馬冑は、眼孔部や鼻先の膨らみといった馬冑を特徴付ける部位が分かり難い状態であったが、半円形の頬当が確認できることや遺物の全長(約40〜50cm)から馬冑と推定することができた(Fig 5)。後に馬冑を取り上げる段階において、天地が逆さまになった状態で出土していたことが

[Fig 5] 馬冑出土状況

明らかとなった。

　また、馬冑の上面や土坑の床面と接する箇所の一部に茶褐色の有機質が付着していることが確認された。調査の結果、有機質は錆化した木質であることが明らかとなった。これにより馬冑が箱など容器に納めた後、土坑内に埋納されていたと推定することができる。

　この他、馬冑に隣接して漆と思しき黒色の塗膜が幾重にも折り重なるように出土している。塗膜の一部は幅広の小札状を呈するものがあり、それらには2つ並びの孔があけられていることが確認できた。小札の形状が大型且つ幅広であることから皮製漆塗の馬甲とも考えられるが、現在も調査中であり詳細は明らかとなっていない。

2. 取り上げから保存処理までの経緯

　遺物埋納坑は未盗掘であったことから土坑内の遺物は埋納された状態をほぼ完全に保持していると考えられる。発掘調査の当初から遺物が埋納された当時の姿を精巧に復元することを目的に三次元計測により出土状況を記録している。馬冑も取り上げの段階に応じて複数回の三次元計測をお

こない、出土状況を立体的に記録したのち取り上げをおこなった(Fig 6)。

　取り上げ後、室内に持ち込まれた馬冑は、概ね出土した形状を保っているものの取り上げにより破損し幾十もの破片に分離した状態であった(Fig 7)。保存処理では、まずX線CT(以下、CT)により、取り上げた馬冑の構造や破損状態などについて調査をおこなった。CTによる調査の結果、馬冑は面覆部が一体(分離しない)であること、鼻先の敲き出しが著しいこと、庇が扇型であること、頬当にカコが付くことなど馬冑の基礎的な構造の一部が明らかとなった(Fig 8)。また破損状況は、埋蔵中の土圧によるものも一部あるが、ほとんどは取り上げ時に生じたものであること、破損はしているものの消失した箇所は見当たらず馬冑の各部はほぼ完全に残存していること、破片同士の接合箇所は良好で全体を復元可能であることなどが確認された。

　その後、CT画像を参考に、各破片の泥や錆を除去するクリーニングをおこなった。クリーニングでは馬冑に付着する木質や漆など埋納状況の復元に必要となる有機質は取り除かず、可能な限り現状を残した状態に仕上げた。クリーニングが終了した破片は、接合関係を確認しながら仮接合をおこない、バラバラの破片になった馬冑を組み上げた(Fig 8・9)。

　現在、保存処理はクリーニングと仮接合まで終了している。今後、仮

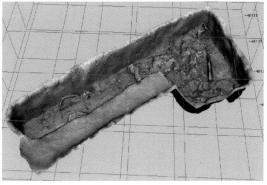

[Fig 6] 出土状況の三次元計測

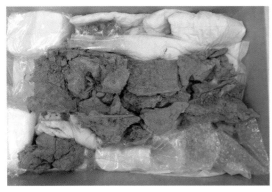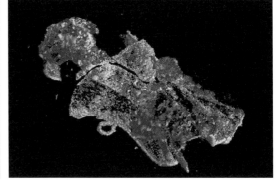

[Fig 7] 取り上げ後の馬冑とCT画像

[Fig 8] 保存処理の状況

接合した接着剤を取り除き各部を再度破片の状態にした後、脱塩処理や樹脂含浸など本格的な保存処理を実施する予定である。

3. 構造と製作技法

馬冑は鉄製で、基本的な構造として馬の顔を覆う「面覆部」、馬の頬の部分に吊り下げる「頬当部」、馬の頭の上に立てられた「庇部(立飾り)」の三つの部位から構成されている。各部で使用される鉄板は全部で6枚、面覆部と庇部は4枚の鉄板を鋲で留めており、頬当部は左右それぞれ1

枚ずつの半円形の鉄板を面覆部に連結する構造である。各部の詳細について以下に記す。

【面覆部】(Fig 10) 面覆部は額から鼻先にかけての上板が1枚と、眼孔部の下側から鼻先までの側板が2枚の合計3枚の鉄板で構成されている。

上板は羽子板形をしており全長は495mm、左右及び前後に分割することはなく1枚の鉄板でつくられている。上板と側板は鋲で連結されており、直径約4.0～4.5mmの鋲が約25～30mmの間隔で打たれている。鋲は片側18箇所(合計36箇所)、左右の側板の上に上板を重ねて鋲留めしている。庇部側の端部は上方に約15mm折り上げ庇部と連結する。

側板は鼻先の部分が突出するL字型の様な形をしており左右共に1枚の鉄板でつくられている。鼻先は内側から大きく打ち出されており、鉄板の端部は外側に折り返す丁寧な処置が施されている。庇部側の端部は上板と同様に上方に約15mm折り上げている。

側板の中央及び後方の庇部との連結部分には左右共に鉸具がつく。鉸具はU字形の縁金・T字形の刺金・小判型の鉄板で構成されており、小判型の鉄板を折り曲げ刺金を挟み込み側板に鋲留めしている。鋲は直径約3.5～4.0mmで3箇所、上板と側板の連結に使用される鋲よりわずかに小さい。

【庇部】(Fig 11) 庇部は帽子のつばのような三日月形をした1枚の鉄板でつくられている。全長は約400mm、幅は95mm、鉄板の端部は面覆部と同様、外側に折り返す処置が施されている。

面覆部とは鋲で連結されており、面覆部の上方に折り上げた端部の前方に庇部の鉄板を重ねて鋲留めしている。鋲は直径約4.0～4.5mmで10箇所、40～50mmの間隔で打たれており、中央部の4箇所は他と比べ間隔が狭くなっている。管金具はついていない。

庇部の左右の端部には鉸具がつく。鉸具は面覆部の中央についているものと同じ大きさ、同じ構造をしており、鋲は直径約3.5～4.0mmで3箇所、U字形の縁金・T字形の刺金・小判型の鉄板で構成されている。鉸具は面

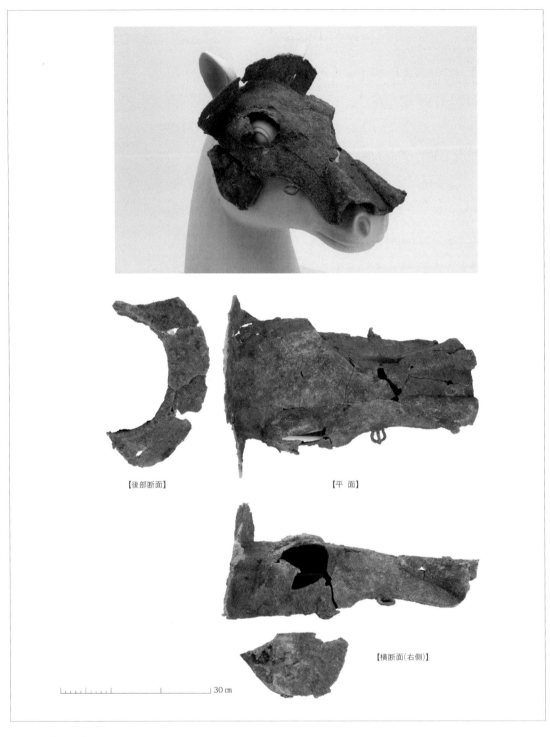

【後部断面】　　　　　　　【平　面】

【横断面(右側)】

30 cm

[Fig 9] 馬冑の現状

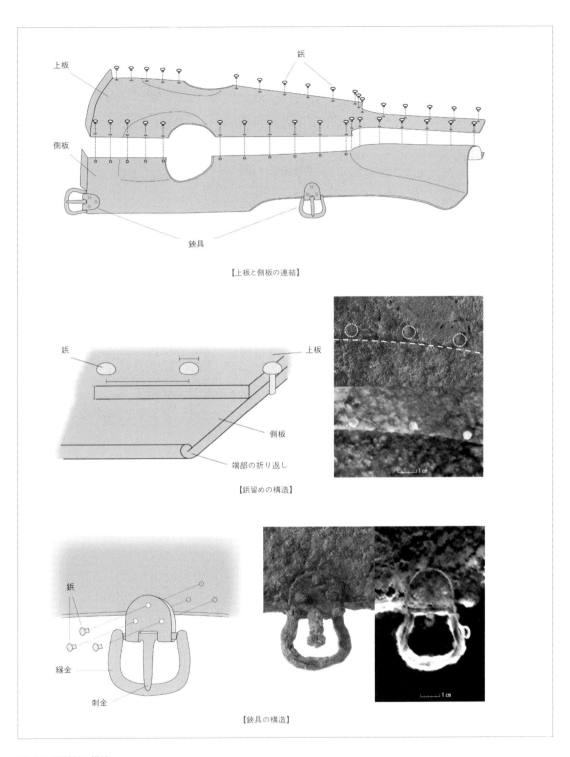

【上板と側板の連結】

【鋲留めの構造】

【鋲具の構造】

[Fig 10] 面覆部の構造

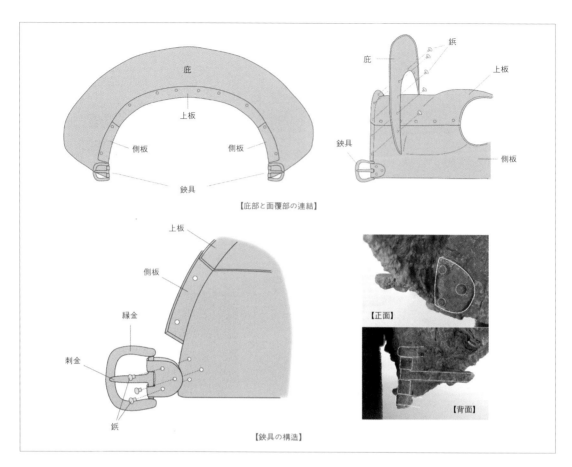

【庇部と面覆部の連結】

【鋲具の構造】

【正面】

【背面】

[Fig 11] 庇部の構造

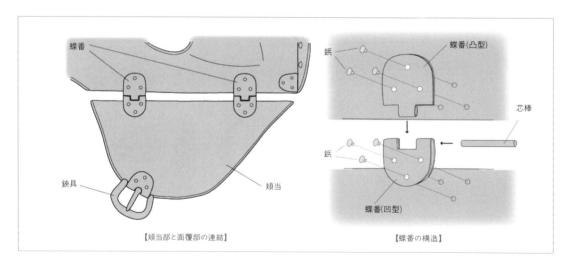

【頬当部と面覆部の連結】

【蝶番の構造】

[Fig 12] 頬当部の構造

覆部(側板)に鋲留めされており、庇部を跨ぐようにして馬冑の後方で稼働するつくりとなっている。

【頬当部】(Fig 12) 頬当部は半円形をした1枚の鉄板でつくられている。全長は…mm、幅は…mm、鉄板の端部は面覆部・庇部と同様、外側に折り返す丁寧な処置が施されている。頬当の形は左右対称ではなく、前側より後方がすぼまり緩やかな曲線を描く形をしている。

面覆部(側板)とは蝶番で連結されており、蝶番は前後2箇所に取り付けられている。蝶番は小判型の鉄板を折り返し、折り返し部分を凹型と凸型に加工して間に芯棒を挟む構造をしている。面覆部(側板)と頬当の上に蝶番を重ね3箇所を鋲留めしている。

頬当の下側の前方には左右共に鉸具がつく。鉸具は面覆部についているものと同じ大きさ、同じ構造をしており、頬当の上に鉸具を重ね3箇所を鋲留めしている。

4. 三次元計測による記録作成

三次元計測は非接触かつ能動的な手法により計測した。具体的には、対象に明暗のパターンを投影し、それを撮影した画像を用いた手法である。この手法は、単に対象物を撮影した画像のみで計測する受動的手法と比較して、全体と細部の再現性のバランスに優れる。本計測では、1回につき約13cm四方を計測し、最終的に点間距離約0.2mmの計測結果を得た。

IV. まとめ

　　本稿では船原古墳遺物埋納坑から出土した馬冑の基本的な構造や製作技法について明らかにすることができた。以下に、本資料と他資料との構造的な差異についてこれまでの調査で明らかになっている点を中心に若干の予察を述べる。

　　これまでに日本列島と朝鮮半島で出土した馬冑は20数例あり、面覆部の上板を1枚板でつくる系統と上板を左右に分割しその鉄板を細長い鉄板で連結する系統の二つに分類することができる。船原古墳の馬冑は、上板を1枚板で作る系統であり、日本列島では船原古墳と大谷古墳、朝鮮半島では玉田古墳群28号墳・M3号墳A・23号墳、皇南洞古墳群109号第4槨などがこれに該当する。これらのうち朝鮮半島の古墳は5世紀の初頭から前半の築造、大谷古墳は5世紀中頃から6世紀初頭の築造とされている。一方、船原古墳の築造時期は6世紀末から7世紀初頭であり、同じ系統の馬冑が出土した古墳の中で最も新しいことになる（岩橋他2017）。

　　上記する朝鮮半島出土の馬冑に比べて新しい時期に位置付けられる大谷古墳の馬冑と本資料とを比較すると、鼻先や眼孔部の上部を内側から打ち出すという特徴は共通しているが、鼻先・眼孔部共に打ち出しは大きくより立体的な作りとなっている。面覆部（側板）の下部は緩い曲線を描く作りをしており、打ち出しの大きさと共に立体的な印象を特徴づける要素となっている。

　　鉄板やそれを留める鋲の数は、大谷古墳の馬冑と比べて顕著に少ないことも本資料の特徴である（Fig 14）。また、面覆部（側板）や頬当に鉸具が付くこと、頬当と面覆部（側板）の連結に蝶番を用いる点は本資料特有の新たな構造的特徴である。

　　この他、本資料は三次元計測による高精細三次元データにより全体

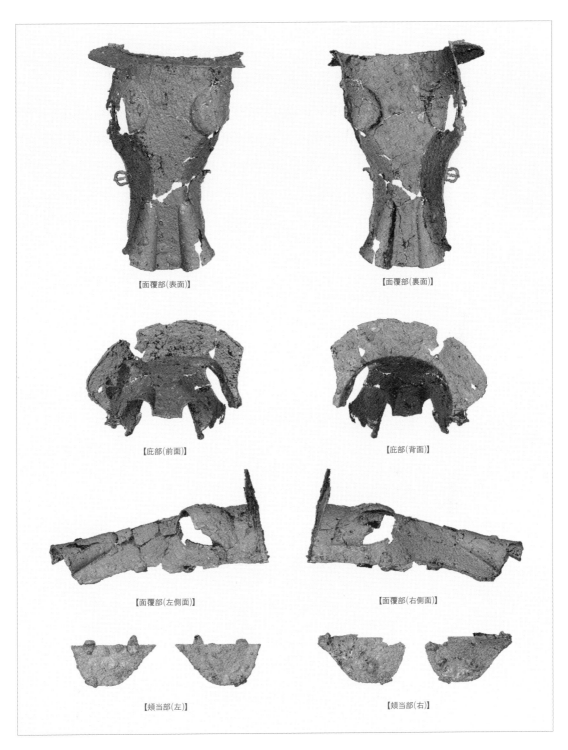

【面覆部(表面)】　　　　　　　　　　　　　【面覆部(裏面)】

【庇部(前面)】　　　　　　　　　　　　　　【庇部(背面)】

【面覆部(左側面)】　　　　　　　　　　　　【面覆部(右側面)】

【頬当部(左)】　　　　　　　　　　　　　　【頬当部(右)】

[Fig 13] 三次元計測の状況

像を資料化した**(Fig 13)**。得られた高精細三次元データは、馬冑の構造や製作技法を精緻に表現しており写真や図面と比較して情報量は多く、また恣意的な情報が排除されていることから二次資料として有益である(小林2019)。馬冑の様に立体的な形状や特徴を有し、移動を伴う調査研究が困難な資料における類似資料との比較検討には有効と考えられる。

[Fig 14] 日本列島出土馬冑の構造比較

(単位: cm)

遺跡名	時期	全長	全幅	鉄板厚	鉄板枚数	鋲頭径	鋲の数
大谷古墳	5世紀末	52.6	24.5	0.2	11	0.5	146
船原古墳遺物埋納坑	6世紀末	48.5	28.0	0.2	6	0.4〜0.5	88

参考文献

岩橋由季, 2017,「福岡県古賀市船原古墳の調査について」,『日本考古学』第43号, 日本考古学協会.

古賀市教育委員会, 2019,「船原古墳II-1号土坑出土遺物概要報告編−」,『福岡県古賀市文化財調査報告書』第73集, 福岡県古賀市教育委員会.

小林啓, 2019,「高精細三次元データを用いた考古資料の新たな資料化に係る研究」,『日本文化財科学会』第36回大会要旨集, 日本文化財科学会.

森下靖士, 2016,『船原古墳I』,『福岡県古賀市文化財調査報告書』第68集, 福岡県古賀市教育委員会.

4

후나바루고분(船原古墳)의
마주에 대하여

고바야시 아키라 규슈역사자료관

I. 머리말

후나바루고분(船原古墳)은 후쿠오카현(福岡縣) 고가시(古賀市) 다니야마(谷山)에 소재하며, 6세기 말에서 7세기 초에 축조된 전방후원분이다. 2013년 3월 발굴조사가 이루어졌으며 고분 주변에서 유물을 매납한 7기의 토갱군(이하 유물매납갱)이 도굴되지 않은 상태로 발견되어 주목을 받았다.

7기의 유물매납갱 중에서도 L자상 1호 토갱에서 복수의 마구 세트, 소찰갑 등의 무구, 칠을 한 목제의 활과 대량의 철촉 등의 무기를 비롯해 총 500점이 넘는 유물이 출토되었다. 지금까지 조사에 의해 금동제보요부운주(金銅製步搖付雲珠)와 유리장십금구(ガラス裝辻金具), 운주 등 학술적·자료적 가치가 큰 유물이 많이 발견되었다.

이 글에서는 이렇게 방대하고 다채로운 유물 가운데 일본열도에서 3번째로 발견된 마주에 대해서 그 구조와 제작기법 등 기초적인 정보에 대해서 보고하고자 한다.

II. 후나바루고분과 유물매납갱

1. 후나바루고분의 개요

후나바루고분이 소재하는 후쿠오카현(福岡縣) 고가시(古賀市)는 후쿠오카현의 북부를 종단하는 산군산지(三郡山地)의 서측, 현해탄을 서쪽으로 바라보는 평야부에 위치한다. 후나바루고분은 해안선에서 직선거리로 약 4.7km 떨어진 내륙부에 있으며 다니야먀카와(谷山川)의 우측으로 이어진 구릉 선단부에 위치하고 고분에서는 서쪽으로 펼쳐진 평야부를 조망할 수 있다.

지금까지 발굴조사에서 확인된 유구는 2기의 고분과 7기의 토갱군이다. 2기의 고분은 古賀町教育委員會(당시)가 실시한 유적등분포조사(古賀町教育委員會 1997)에서 확인되었는데, 이전의 福岡縣教育委員會에 의한 분포조사(福岡縣教育委員會 1979)에서 이 2기와 다른 또 하나의 고분이 확인되었다. 즉, 후나바루고분은 적어도 3기의 고분으로 이루어진 고분군과 유물매납갱으로 구성된 것으로 생각된다.

후나바루고분의 분구는 후세의 개간으로 인해 잔존 상황이 좋지 않은데 특히 전방부 분구 끝의 측면은 거의 소실되었다. 이로 인해 잔존하는 부분을 토대로 분구 형태와 규모를 추정한다. 후원부 직경은 주체부를 중심으로 방사상으로 설치한 트렌치에서 분구 끝의 위치가 확인되어 24.8m로 추정할 수 있다. くびれ部(옮긴이: 분구에서 전방부와 후원부가 만나 오목하게 들어간 지점)는 북동측은 주체부에서 북쪽으로 설치한 트렌치에서 분구 끝이 확인되어 평면적으로도 확인할 수 있다. 전방부는 분구가 후원부 북동측의 구릉 선단부 전역에서 확인되었으므로 이 범위가 전방부임을 알 수 있다. 후나바루고분의 전방부는 분구의 끝을 향해 높아지지 않고 완만하게 내려오는 것으로 확인된다.

주체부는 복실구조의 횡혈식석실이며 거석을 석재로 이용하였다. 석실 내는 도굴되어 동지금장의 이환 1점과 동지에 도금한 용도 불명의 금동제품이 4점 출토되었을 뿐이다. 고분의 구획구에서 출토된 스에키로 보아 후나바루고분은 6세기 말에서 7세기 초두에 축조된 것으로 추정할 수 있다(森下 2016).

2. 유물매납갱의 개요

유물매납갱은 후나바루고분의 서남부, 횡혈식석실의 개구부 측에 위치한다. 7기의 유물매납갱은 모두 후나바루고분의 주축을 의식한 방향으로 축조되었고 또 후나바루고분의 분구로 추정되는 범위 내에 모두 포함된다. 1996년에 이루어진 1차 조사 때, 후나바루고분과 후나바루2호분 사이에 구획구에서 출토된 스에키 편과 2013~2015년 2차 조사 때 유물매납갱에서 출토된 스에키 편이 접합되므로 고분과 유물매납갱이 서로 관련 있는, 동시기의 유구인 것이 명확해졌다(岩橋他 2017). 고분에 부속된 유물매납갱은 일본열도에서 처음으로 발견된 사례이다.

유물매납갱 중에서도 L자형의 특수한 평면형을 띠는 1호 토갱에서는 여러 세트의 마구, 소찰갑과 투구 등의 무구, 칠을 한 목제 활, 활고자, 철촉 등 무기를 비롯하여 총 500점이 넘는 유물이 출토되었다. 이 가운데 금동제보요부운주(金銅製步搖付雲珠)와 유리장식부운주(ガラス裝飾付雲珠), 십금구, 마주, 사행상철기 등 당시 일본열도에서 유례가 없는 유물, 한반도세력과 관계를 나타내는 유물이 혼재되어 있다. 1호 토갱에서 출토된 유물은 후나바루고분과 긴키 중앙정권 및 한반도의 관계를 검토하는 데 중요한 의미를 가진 희유(稀有)한 자료군이다.

1호 토갱은 장축 길이 5.3m, 폭은 가장 좁은 곳이 0.8m, 남측은 폭이 넓은 곳이 2.3m, 깊이는 0.8정도이다. 토갱의 층서에 역전 관계는 없고 유물 출토 상황에 부자연스러운 곳도 없으므로 토갱은 한 차례의 굴착에 의해 조성되었으며 유물을 매납한 후, 되메워진 것으로 추정된다.

매납된 유물은 토갱 내에 복잡하게 겹쳐진 상태로 출토되었는데 출토 위치는 북측, 중앙부, 남측 등 3곳으로 구분할 수 있다. 북측에서는 칠을 한 활, 양두금구, 활고자 등의 무기, 철제호등, 장니, 금동제안장 등 마구가 출토되었다. 중앙부에서는 소찰갑, 투구, 마갑 등의 무구류가 출토되었다. 남측에서는 재갈, 행엽, 운주, 십금구, 대소의 마령, 사행상철기,

안금구 등 다량의 마구가 출토되었다. 이 가운데는 금동제보요부운주(金銅製步搖付雲珠)와 유리장식부십금구(ガラス裝飾付辻金具) 등 일본열도에서 처음으로 출토된 유물이 포함되어 있다. 유물의 수와 밀도는 남측에 집중된다.

또 토갱 남측에 유물이 집중된 구역에서는 마구와 무기 외에 철정(鐵釘)이 십 수 점 출토되었으며 대부분 녹화(錆化)된 목질이 부착되어 있었다. 목질 흔적은 토갱의 상면(床面) 부근과 겹쳐진 유물의 최상면 부근에서도 확인되었으므로 남측 유물은 목제 기물(器物)에 넣어져, 토갱에 매납된 것으로 추측할 수 있다. 이러한 목질 흔적은 중앙부의 소찰갑과 마주가 출토된 곳에서도 확인되어 1호 토갱 내 유물군은 목제 기물(器物) 등 어떤 용기에 소중히 담긴 상태로 토갱에 매납된 것으로 추정할 수 있다.

이 외 1호 토갱의 시기에 대해서는 상술한 기물(器物)의 흔적으로 추정되는 목질에서 채취한 시료를 대상으로 가속기질량분석법(AMS)에 의한 방사선탄소연대측정 결과, 대략 6세기 후반에서 7세기 중경의 연대치를 얻었다(森下 2016). 출토 유물을 관찰한 소견도 토갱 시기를 후나바루고분과 같은 6세기 말에서 7세기 초두로 파악하고 있다.

또 7기의 유물매납갱 중 발굴조사가 이루어진 것은 1~5호의 5기의 토갱이며 6호·7호 토갱 2기는 유구 보존을 위해 토갱을 확인하는 단계에 머물러 있다.

III. 하나바루고분의 마주

1. 출토 상황

마주는 L자상을 띠는 1호 토갱의 중앙 부근에서 출토되었다. 주변에서는 소찰갑과 투구, 칠을 한 장식활 등이 출토되었으며 토갱 중앙부에서는 마주 이외의 마구는 거의 출토되지 않았다. 출토된 직후의 마주는 안공부(眼孔部)와 코끝[鼻先]과 같은, 마주를 특징짓는 부위는 알기 어려운 상태였으나, 반원형의 볼가리개[頬当]가 확인되었고 유물의 크기(약 40~50cm)를 통해 마주로 추정할 수 있었다(fig 5). 유물 수습 과정에서 마주의 위아래가 거꾸로 된 상태로 묻힌 것을 알 수 있었다.

또 마주의 상면(上面)과 토갱의 상면(床面)이 접하는 곳의 일부에 갈색의 유기질이 부착된 것으로 확인되었다. 조사 결과, 유기질은 녹화(錆化)된 목질이라는 것을 알 수 있었다. 이로써 마주가 상자 등 용기에 담긴 후, 토갱 내에 매납된 것으로 추정할 수 있다.

이 외 마주에 인접하여 칠로 생각되는 흑색의 도막(塗膜)이 몇 겹으로 겹쳐져 출토되었다. 도막의 일부는 폭넓은 소찰상을 띠는데, 여기에는 2줄을 따라 뚫린 구멍이 확인되었다. 소찰은 대형이며 또 폭이 넓으므로 가죽제의 칠을 한[漆塗] 마주로도 생각되나 현재도 조사 중이므로 아직 상세한 것은 알 수 없다.

2. 수습부터 보존처리까지 경위

유물매납갱은 도굴되지 않았으므로 토갱 내의 유물은 매납되었을 당시의 상태를 거의 완전히 유지한 것으로 생각된다. 발굴조사 애초부터 유물이 매납되었을 당시의 모습을 정교하게 복원하는 것을 목표로 3차원 계측에 의한 출토 상황을 기록했다. 마주도 수습 단계마다 여러 차례 3차원 계측을 실시하고 출토 상황을 입체적으로 기록한 후 수습하였다(fig 6).

수습 후, 실내에 가져온 마주는 대략 출토되었을 당시의 형상을 유지하고 있었으나 수습으로 인해 파손되었으며 여러 개의 파편으로 분리된 상태였다(fig 7). 보존처리에서는 우선 X선 CT(이하 CT)로 수습한 마주의 구조와 파손상태 등에 대해서 조사를 실시했다. CT 조사 결과, 마주는 면복부(面覆部, 옮긴이: 한국에서는 미간부라고 함)가 일체(분리되지 않음)이며 코끝[鼻先]을 크게 입체적으로 만든 점, 비(庇)가 부채형[扇型]인 것, 볼가리개[頬当]에 교구가 있는 것 등 마주의 기본적인 구조가 명확해졌다(fig 8). 또 매장된 도중에 토압에 의해 파손된 것도 일부 있지만 대부분 수습 과정에서 생긴 것, 파손되었으나 결실된 곳 없이 마주의 각 부위가 거의 완전히 남아 있는 것, 파편끼리 양호하게 접합되므로 전체를 복원할 수 있다는 것을 확인할 수 있었다.

그 후, CT화면을 참고로 파편의 흙과 녹을 제거하는 클리닝을 실시했다. 클리닝에서는 마주에 부착된 목질과 칠 등 매납 상황을 복원하는 데 필요한 유기질은 제거하지 않고, 가능한 한 현상(現狀)을 남긴 상태로 실시했다. 클리닝이 끝난 파편은 접합 관계를 확인하면서 가접합을 실시하고 흐트러진 파편을 조합하여 마주를 완성하였다(fig 8, 9).

현재 보존처리는 클리닝과 가접합까지 종료되었다. 앞으로 가접합한 접착제를 제거하고 각 부위를 다시 파편 상태에서 탈염처리와 수지합침(樹脂含浸) 등 본격적인 보존처리를 실시할 예정이다.

3. 구조와 제작기법

마주는 철제로 기본적인 구조는 말의 볼을 덮는 면복부(面覆部), 말의 볼 부위에 매다는 볼가리개부《頬当部》, 말 머리 위에 세워진 비부(庇部, 입식, 옮긴이: 한국에서는 챙부라고 하기도 한다) 등 세 부위로 구성되어 있다. 각 부에 사용된 철판은 전부 6매, 면복부와 비부는 4매의 철판을 못으로 고정하였고 볼가리개부는 좌우 각각 1매씩의 반원형 철판을 면복부에 연결한 구조이다. 각 부위에 대해서는 아래에서 상세하게 기술한다.

1) 면복부(面覆部)(fig 10)

면복부는 볼에서 코끝에 걸친 상판 1매와 안공부(眼孔部) 하부부터 코끝까지 측판 2매, 총 3매의 철판으로 구성되어 있다.

상판은 주격판형(羽子板形)으로 전장 495mm, 좌우 및 앞뒤로 분할되지 않고 1매의 철판으로 제작되었다. 상판과 측판은 못으로 연결되어 있고 직경 약 4.0~4.5mm의 못이 25~30mm 간격으로 박혀 있다. 못은 한쪽에 18곳(총 36곳), 좌우 측판 위에 상판을 겹친 후 못으로 박아 고정하고 있다. 비부측(庇部側)의 끝 부분과 약 15mm 정도 겹쳐진 상태로 연결된다.

측판은 코끝 부분이 돌출된 L자형과 같은 형태를 하고 있으며 좌우 모두 1매의 철판으로 제작되었다. 코끝은 내측에서 때려 크게 튀어나와 있으며 철판의 단부는 외측으로 접어 정교하게 처리되었다. 비부측의 끝 부분은 상판과 마찬가지로 위쪽으로 약 15mm 접어 연결하였다.

측판의 중앙과 비부의 뒤에 교구가 붙어 있다. 교구는 U자형의 연금, T자형의 자금(剌金), 타원형[小判型]의 철판으로 구성되어 있으며 구부린 철판에 자금을 끼워 못으로 고정하였다. 못은 직경 약 3.5~4.0mm로 3곳, 상판과 측판 연결에 사용된 못보다 약간 작다.

2) 비부(庇部)(fig 11)

비부는 모자의 챙과 같이 초승달 모양의 철판 1매로 제작되었다. 전장은 약 400mm, 폭은 95mm, 철판의 단부는 면복부와 마찬가지로, 외측으로 접혀 있다.

면복부와 못으로 연결되어 있으며 면복부의 위쪽으로 접은 단부 앞쪽에 비부의 철판을 겹쳐 못으로 고정하였다. 못은 직경 약 4.0~4.5mm로 총 10군데, 40~50mm 간격으로 박혀 있고 중앙부의 4곳은 다른 곳과 비교하여 간격이 좁다. 관금구(管金具)는 없다.

비부의 좌우 단부에 교구가 붙어 있다. 교구는 면복부 중앙에 있는 것과 같은 크기, 같은 구조이며 못은 직경 약 3.5~4.0mm으로 3곳, U자형의 연금, T자형의 자금(刺金), 타원형의 철판으로 구성되어 있다. 교구는 면복부(측판)에 고정되어 있고 비부를 걸친 것처럼 마주의 뒤쪽에서 움직일 수 있는 구조이다.

3) 볼가리개부(頰当部)(fig 12)

볼가리개부는 1매의 반원형 철판으로 제작되었다. 전장은 200mm, 폭은 100mm, 철판의 단부는 면복부, 비부와 마찬가지로 외측으로 접어 정교하게 처리되었다. 볼가리개의 형태는 좌우대칭이 아니며 앞쪽보다 후방이 완만한 곡선 형태이다.

면복부(철판)와 경첩으로 연결되어 있는데 경첩은 앞뒤 2곳에 있다. 경첩은 타원형 철판을 접었으며 접은 부분을 凹型과 凸型으로 가공하고, 그 사이에 심봉(芯棒)을 끼우는 구조이다. 면복부(측판)와 볼가리개 위에 경첩을 두고 3곳을 못으로 고정하였다.

좌우 볼가리개의 아래쪽 전방에 모두 교구가 붙어 있다. 교구는 면복부에 붙어 있는 것과 같은 크기, 같은 구조이며 볼가리개 위에 교구를 두고 3곳을 못으로 고정하였다.

4. 3차원 계측에 의한 기록 작성

3차원 계측은 비접촉 또는 능동적인 수법으로 계측하였다. 구체적으로는 대상에 명암 패턴을 투영하고 이를 촬영한 화상을 사용하는 수법이다. 이 수법은 단순히 대상물을 촬영한 화상이며 계측하는 수동적인 수법과 비교하여 전체와 세부 재현성의 균형이 우수하다. 본 계측에서는 1회당 13평방센티미터를 계측하였으며 최종적으로는 점간거리 약 0.2mm의 계측 결과를 얻었다.

IV. 맺음말

이 글에서는 후나바루고분 유물매납갱에서 출토된 마주의 기본적인 구조와 제작기법에 대해 보고하였다. 아래에서는 본 자료와 다른 자료의 구조적 차이에 대해 지금까지 조사를 통해 밝혀진 점을 중심으로 약간의 예찰을 시도한다.

지금까지 일본열도와 한반도에서 출토된 마주는 20점 정도인데 면복부 상판을 1매의 철판으로 만드는 계통과 상판을 좌우로 분할한 뒤, 그 철판을 얇은 철판으로 연결하는 계통으로 분류할 수 있다. 후나바루고분 마주는 상판을 1매로 만드는 계통으로 일본열도에서는 후나바루고분, 오오타니(大谷)고분, 한반도에서는 합천 옥전28호분, 옥전M3호분, 옥전A-23호분, 황남동 109호분 4곽 출토품 등이 여기에 해당한다. 이 중 한반도 고분은 5세기 초두부터 전반에 축조된 것이며 일본열도의 오오타니고분은 5세기 중엽부터 6세기 초두에 축조된 것으로 여겨지고 있다. 한편 후나바루고분의 축조 시기는 6세기 말부터 7세기 초두로, 같은 계통의 마주가 출토된 고분 중에서 가장 시기가 늦은 것이다(岩橋他 2017).

상기한 한반도 출토 마주보다 늦은 시기로 비정되는 오오타니고분의 마주와 본 자료를 비교하면 코끝[鼻先]과 안공부(眼孔部)의 상부를 안쪽에서 때려 나오게 하는 특징은 공통되나, 코끝과 안공부의 타출은 더욱 입체적으로 제작되었다. 면복부(측판) 하부는 느슨한 곡선을 그리는 구조이며 타출의 크기와 함께 입체적인 것이 특징적인 요소이다.

철판과 이를 고정하는 못의 수가 오오타니고분 마주보다 현저하게 적은 것도 본 자료의 특징이다(fig 14). 또 면복부(측판)와 볼가리개에 교구가 붙은 것, 볼가리개와 면복부(측판) 연결에 경첩을 사용한 점은 본 자료 특유의 새로운 구조적 특징이다.

이 외에 본 자료는 3차원 계측을 통해 고정밀 3차원 데이터로 전체 모습을 자료화했다(fig 13). 이를 통해 얻은 고정밀 3차원 데이터는 마주의 구조와 제작기법을 정치하게 표현하여 사진과 도면보다 정보량이 많으며, 또 자의적인 정보가 배제되었으므로 2차 자료로서 유익하다(小林 2019). 마주처럼 입체적인 형상과 특징을 지닌 자료에는 유효하다.

[fig 1] 후나바루고분 전경(좌)과 출토 유물(우)
[fig 2] 후나바루고분과 유물매납갱(岩橋他 2017을 일부 개변)
[fig 3] 1호 토갱 전경(岩橋他 2017을 일부 개변)
[fig 4] 1호 토갱 유물 출토 상황
[fig 5] 마주 출토 상황
[fig 6] 출토 상황의 3차원 계측
[fig 7] 수습된 마주와 CT화상
[fig 8] 보존처리 상황
[fig 9] 마주의 현재 상태
[fig 10] 면복부의 구조
[fig 11] 비부의 구조
[fig 12] 볼가리개부의 구조
[fig 13] 3차원 계측의 상황

[fig 14] 일본열도 출토 마주의 구조 비교

(단위: cm)

유적명	시기	전장	전폭	철판 두께	철판 매수	못머리 직경	못 수
埼玉将軍山古墳	6세기 후반	41.6	27.0	0.2	19	0.4~0.5	150以上
大谷古墳	5세기 말	52.6	24.5	0.2	11	0.5	146
船原古墳遺物埋納坑	6세기 말	48.5	28.0	0.2	6	0.4~0.5	88

「船原古墳의 마주에 대하여」 토론문

이상률 부경대학교박물관

1. 고정밀의 3차원 데이터가 기왕의 유물 관찰 혹은 도면상의 한계를 충분히 보완한다는 점에서 중요성은 인정된다. 나아가 정치한 유물 복원에도 매우 유효할 것이다. 그러나 고고학에서 자의적인 정보와 해석은 반드시 배제하기 어렵다. 객관적인 정보를 기술적으로 구현할 수는 있어도 이를 분석하고 史的 의미를 부여함에 있어 자의적인 강조(주로 도면상으로)와 해석은 불가피하기 때문이다. 고고학적으로 3차원 데이터의 효용성을 더욱 높이기 위해 기술적으로 보완이 필요하거나 발표자 스스로가 느끼는 단점이 있다면 코멘트 바란다.

2. 6세기 말로 편년되는 船原古墳의 마주는 현재까지 보고된 동북아시아 철제 마주 중 분할형(A류), 일체형(B류)을 통틀어 시기적으로 가장 늦다. 그래서 삼국(고분)시대 최후의 제작적 특징을 살필 수 있는 점에서 주목된다. 예컨대 가장 적은 수량의 철판과 못으로 제작한 점, 이에 비해 상판의 형태가 가장 곡선적인 점, 상판 후미의 돌출부와 관금구가 생략되고 요철형 경첩을 사용한 점 등이 그러한 요소이다. 한마디로 소재를 최소화하여 입체적으로 표현해 낸 점에서 진보된 제작 기술이 엿보인다.

아쉽게도 한반도의 마주는 거의 5세기 대에 집중되어 있으므로 이와 직접 비교하기 어렵지만, 최근 출토된 公山城 출토 마주는 시기적, 제작적으로 가장 근접시킬 만하다. 한반도에서 갑주, 마구의 매납은 6세기 이후 급감하지만, 제작이 지속적으로 이루어지고 있었음은 분명하다. 船原古墳의 공반 마구와 더불어 마주의 제작지에 대한 발표자의 견해를 듣고 싶다.

3. 埼玉將軍山古墳의 마주는 일본 유일의 분할형(A류) 마주로 알려져 있다. 오래 전에 파편 수 점을 분석, 접합하여 분할형으로 복원하였으나 볼가리개의 수하와 관련하여 측판에 낸 3개 1조의 연결공, 대상철판의 정체, 상판중앙 철대의 존재 등 복원상 문제점이 있다(삽도 1 참조).

더욱 중요한 것은 이들 파편 자체의 정합성이다. 주지하듯이 마주는 일차적으로 상판의 분할 여부에 따라 분할형(A류)과 분할하지 않은 일체형(B류)로 구분되며, 양자의 계보와 전개상은 서로 다르다. 양자의 특징을 장군산고분의 마주 파편에 대입하면, 4점 중 중앙철대가 있는 1점(c)과 대상철판이 부착된 1점(d)은 일체형, 타원형타출부가 성형된 양쪽 眼孔의 전방부위 2점(a·b)은 분할형적 요소여서 복원된 하나의 마주 내에 두 유형의 파편이 혼재해 있음을 알 수 있다. 달리 말해 형식이 다른 2개체의 마주편을 1점의 마주로 복원한 것이다. 이러한 오류는 본 고분에 시기를 달리하는 마구 2세트가 매납된 점에서도 방증된다.

차후 정밀한 재검토가 요구되는데, 고정밀 3차원 계측을 통해 마주의 접합 상태를 분석한다면 보다 더 분명해질 것으로 판단되므로 이의 활용을 기대한다.

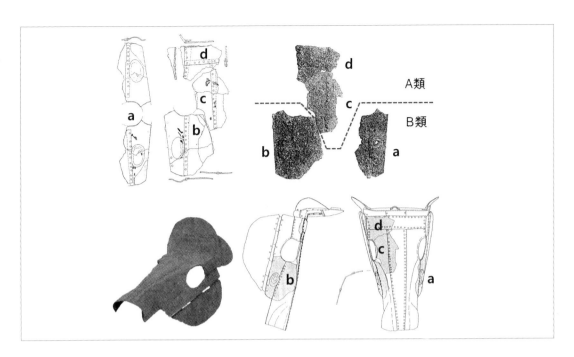

[삽도 1] 埼玉將軍山古墳 馬冑

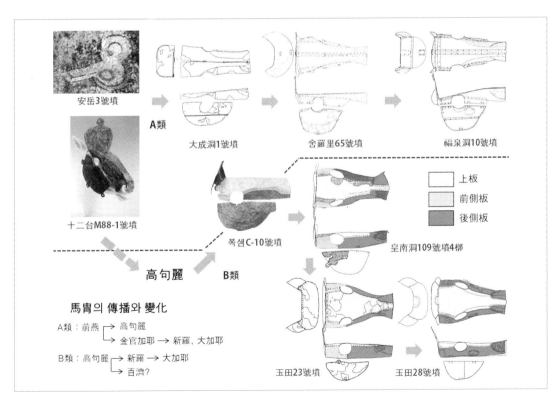

[삽도 2]

5

함안 마갑총 말갑옷 제작기술 복원 연구

국립김해박물관

I. 머리말

　　함안 마갑총 출토 마갑은 온전한 구조를 파악할 수 있는 거의 유일한 가야지역 자료로 학술적 가치가 높다.

　　세종장방형, 상원하방형 소찰로 구성된 독특한 구조로 이루어져 있기 때문에 비교연구를 통해 가야 마갑의 다양한 전개양상을 파악할 수 있는 매우 좋은 자료이다.

　　기존 보고서와 이를 토대로 복원된 함안박물관 소장 복원품, 실제 유물을 재검토하여 문제점을 보완하고 새로운 복원안을 제시한다.

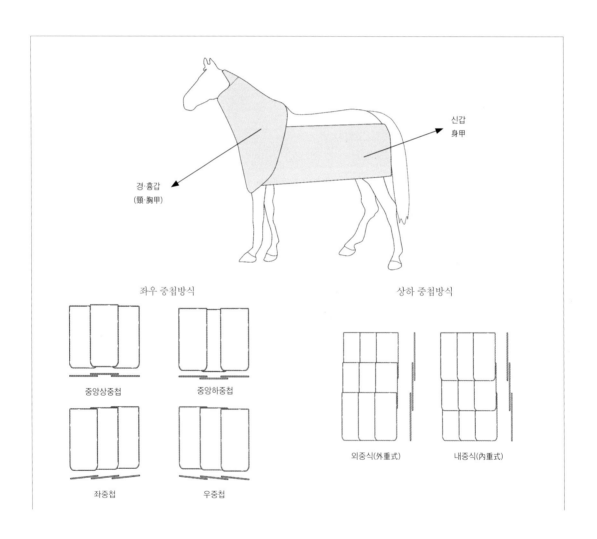

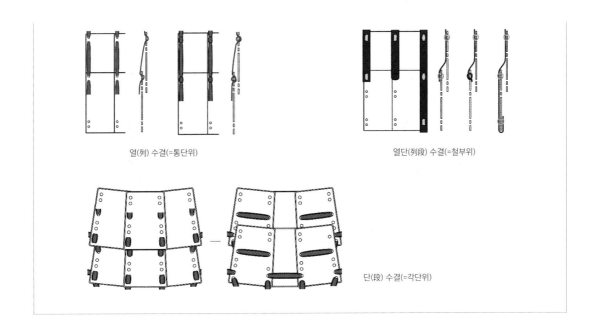

열(列) 수결(=통단위)

열단(列段) 수결(=철부위)

단(段) 수결(=각단위)

II. 마갑총 출토 마갑 자료 재검토

1. 보고서 및 복원품 검토

1) 보고서 기술내용 검토

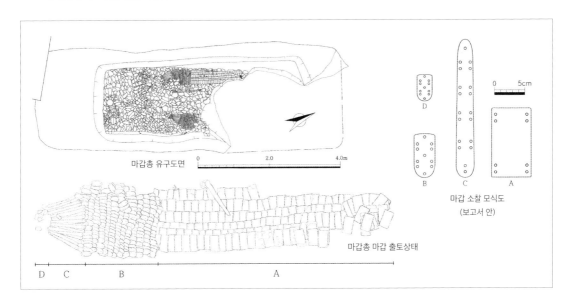

마갑총 유구도면

0   2.0   4.0m

마갑 소찰 모식도
(보고서 안)

0   5cm

D

B   C   A

마갑총 마갑 출토상태

D C   B   A

2) 기존 복원품 검토

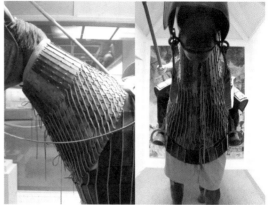

함안박물관 복원품   경·흉갑 세부

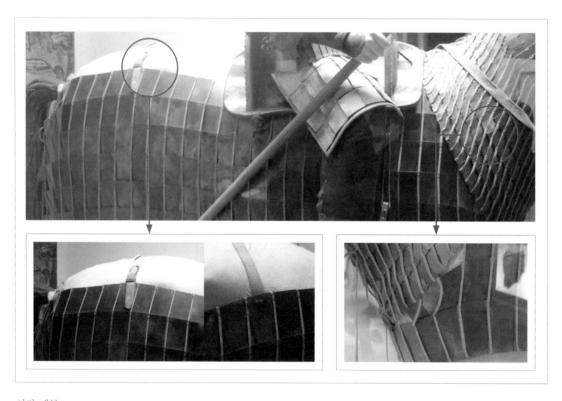

신갑 세부

2. 재검토 결과 및 문제점

1) 출토상태

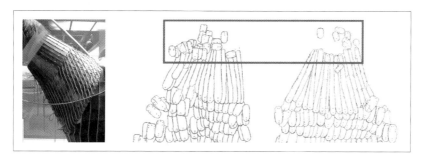

D부분(2단) 추가 필요

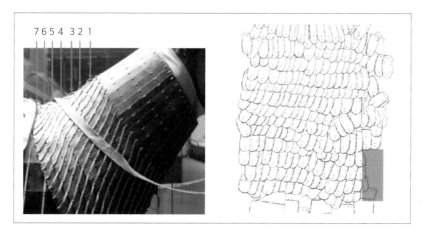

B부분 단수와 소찰 수량 조절

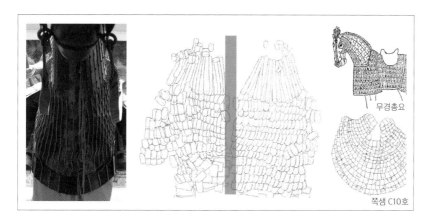

개폐 부위 수정

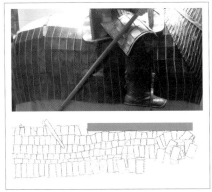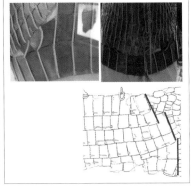

신갑 최상단 소찰 수량 조절   신갑 앞 열 소찰 수량 조절

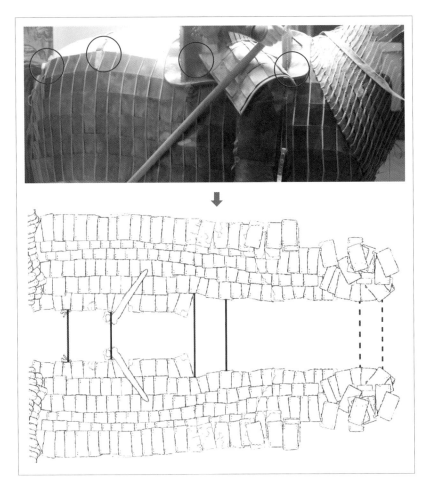

신갑 교구 위치 조정

2) 소찰 크기와 투공배치

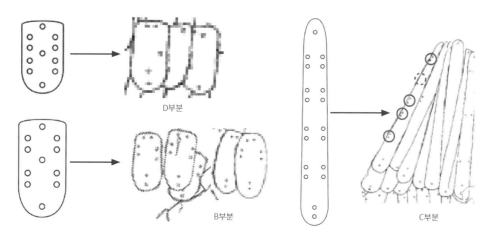

D부분

B부분

C부분

각 소찰 투공 위치 조정

3) 연결기법

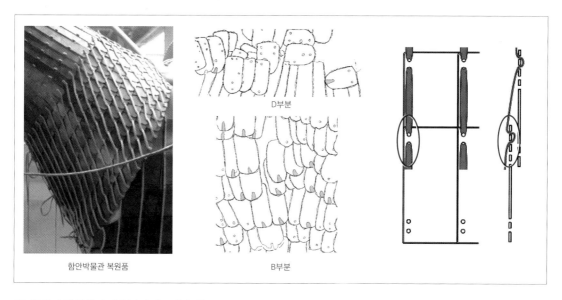

함안박물관 복원품

D부분

B부분

경·흉갑 수결방식 수정(열단 수결→열 수결)

III. 안장 복원안

1. 5세기 대 함안지역 안장 사례 검토

1) 말이산 4호 철제 안금구, 복륜 + 안교금구 + 내연금구

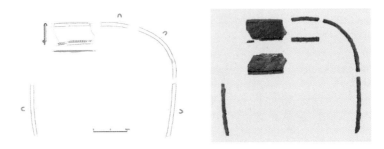

2) 도항리 (文) 38호, 39호 철제 안금구, 복륜 + 내연금구 + 좌목선 금구 + 좌목선교구

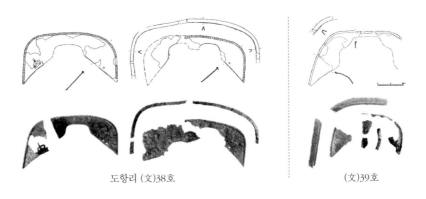

도항리 (文)38호   (文)39호

3) 도항리 428-1번지 18호 철제 내연금구

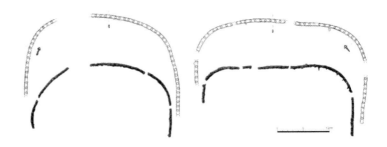

4) 도항리 6호 금동제 내연금구 + 철제 좌목손잡이 + 좌목선교구

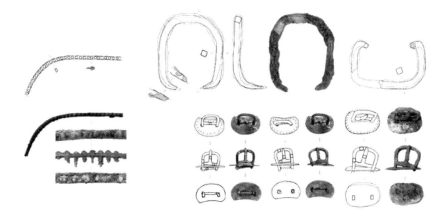

2. 목부의 복원

1) 좌목

길이 41~55cm, 폭 11~13.8cm

좌목선부 단 아래 안교와 연결을 위한 혁뉴공

전륜부 단은 수직, 후륜부는 약한 경사

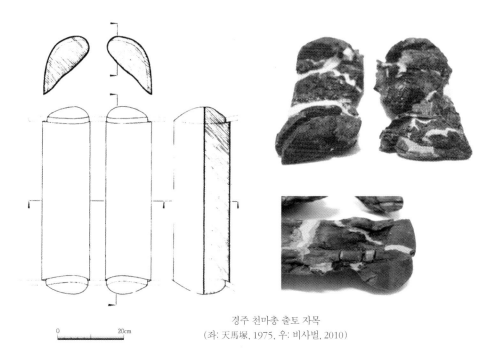

경주 천마총 출토 자목
(좌: 天馬塚, 1975, 우: 비사벌, 2010)

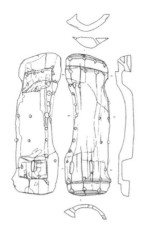

일본 후쿠오카 元岡·桑原유적 SX111출토 좌목
(좌: 元岡·桑原遺跡群發掘調查, 2003
우: 창녕송현동고분군 I, 2011)

3D 안장 복원

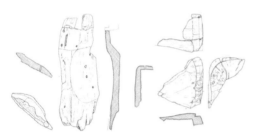

창녕 송현동 7호
(창녕송현동고분군 I, 2010)

2) 안교목 사선가공

가공방법	사선(斜線)가공	요철(凹凸)가공
안교 횡단면		
출토 안교목	조양 십이대전창88M1 경주 황남대총 남분 양산 부부총 창녕 송현동 7호(透, 黑)	창녕 송현동 7호(木)

3) 좌목과 안교의 결합

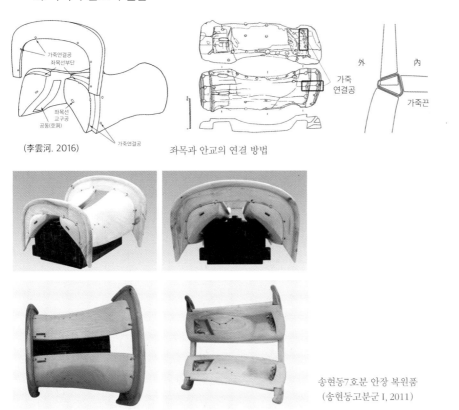

(李雲河. 2016)

좌목과 안교의 연결 방법

송현동7호분 안장 복원품
(송현동고분군 I, 2011)

3. 5세기 대 함안지역 안장 구조 유형

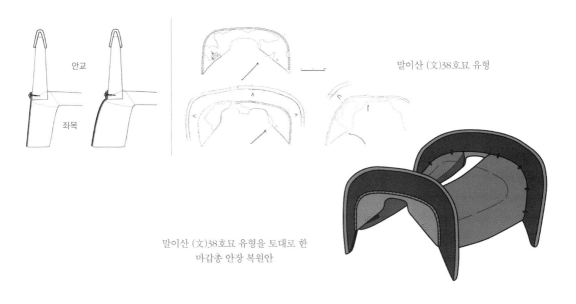

말이산 (文)38호묘 유형

말이산 (文)38호묘 유형을 토대로 한
마갑총 안장 복원안

IV. 복원 및 착장안

1. 복원안

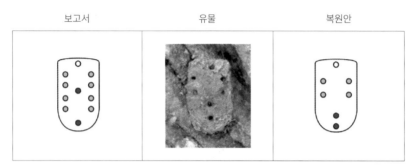

보고서   유물   복원안

D부분 소찰의 복원안

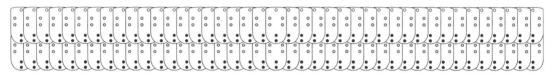

D부분 복원안(41매×2단)

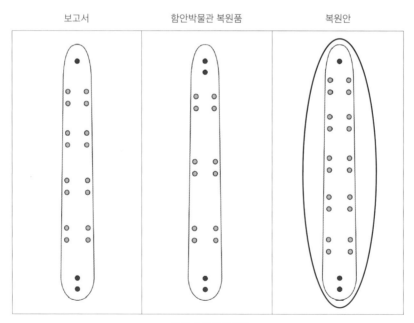

보고서   함안박물관 복원품   복원안

C부분 소찰의 복원안

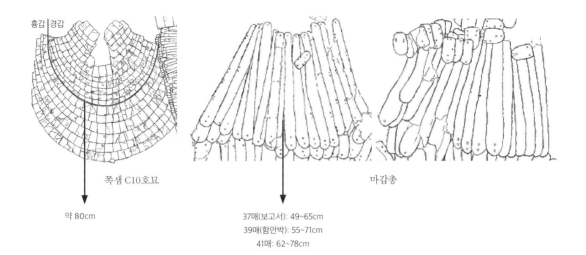

흉갑 경갑

쪽샘 C10호묘

마갑총

약 80cm

37매(보고서): 49~65cm
39매(함안박): 55~71cm
41매: 62~78cm

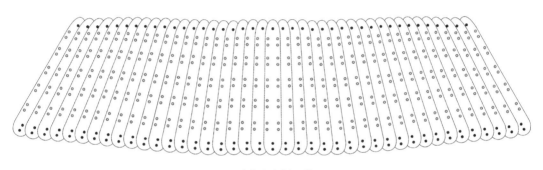

C부분 복원안(41매)

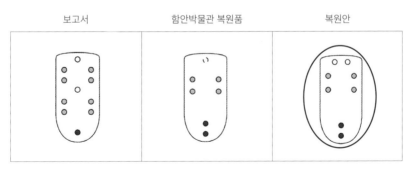

보고서 　　　　　 함안박물관 복원품 　　　　　 복원안

B부분 소찰의 복원안

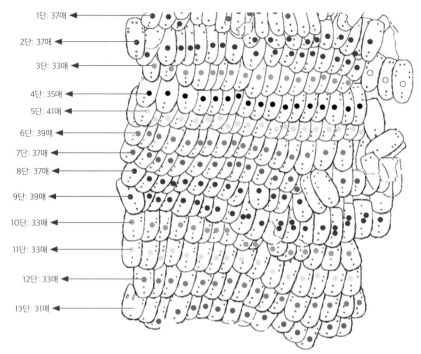

1단: 37매
2단: 37매
3단: 33매
4단: 35매
5단: 41매
6단: 39매
7단: 37매
8단: 37매
9단: 39매
10단: 33매
11단: 33매
12단: 33매
13단: 31매

마갑총 B부분 소찰 수량

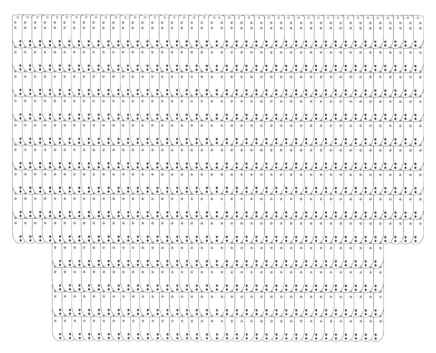

B부분 복원안 41매×9단, 33매×4단

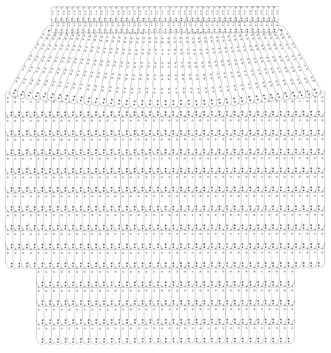

경·흉갑 복원안

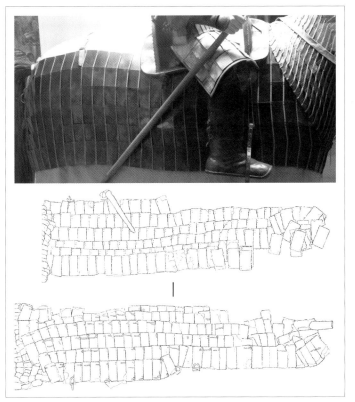

함안박물관 복원품

마갑총

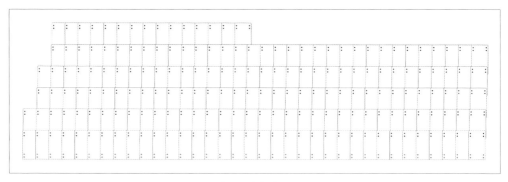

신갑 복원안(좌측)

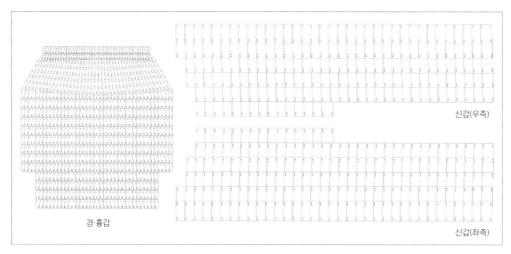

경·흉갑

신갑(우측)

신갑(좌측)

마갑 전체 복원모식도

2. 착장안

澗漳北朝壁畫墓

北齊婁睿墓

경·흉갑 착장방식

咸阳平陵十六国墓

신갑 착장방식

쌍영총   통구12호분

벽화: 신갑&고갑하부 → 경·흉갑&고갑상부 → 안장
실제: 안장 → 신갑&고갑하부 → 경·흉갑&고갑상부

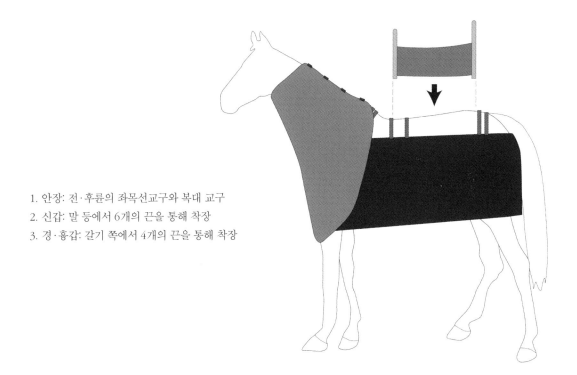

1. 안장: 전·후륜의 좌목선교구와 복대 교구
2. 신갑: 말 등에서 6개의 끈을 통해 착장
3. 경·흉갑: 갈기 쪽에서 4개의 끈을 통해 착장

편집 후기

가야는 고구려·백제·신라와 교류하면서 한편으로는 전쟁을 통해 성장하였다. 오늘날 가야의 여러 유적에서 확인되는 다양한 무기와 무구는 당시 치열했던 가야인의 삶을 보여주는 것과 동시에 가야인의 기술문화를 잘 보여준다. 따라서 가야를 이해하기 위해서는 당시 주변국과 치열하게 싸워 온 전쟁 과정을 이해해야 한다. 이를 위해서 가야는 어떻게 전쟁을 수행하였고 전쟁이 가야 사회에 끼친 영향은 어떠한지를 살펴볼 필요가 있다.

최근 유적에서 출토된 다양한 무기와 무구는 가야 전사의 모습을 추정하는 데 많은 도움을 주었다. 이는 문헌 기록에 잘 남아 있지 않은 가야 전사를 복원하는 데 매우 중요한 단서를 제공한다. 이처럼 기본 자료는 제공되었지만 이를 통해서 해결되어야 할 여러 과제가 있다. 특히 가야 전사와 관련하여 논의되는 중장기병은 그 역사적 영향력에 비하여 많은 연구가 이루어지지 않았다. 이러한 이유에서 이번 학술제전은 국내외 말갑옷 관련 자료를 재검토하여 새로운 시각으로 살펴보고 앞으로 어떤 연구 과제가 필요한지 알아보는 자리를 마련하고자 하였다.

그 결과를 펴낸 이번 책의 구성은 모두 4개의 논문과 1개의 참고자료가 수록되어 있다. 수록된 논고가 주장하는 바를 간단히 소개하면 다음과 같다. 첫 번째 논고는 중국 동북지역, 한반도, 일본에서 출토된 마갑 자료를 비교 분석하였다. 이를 통해 삼국시대 동북아시아 마갑의 계보와 전개 과정을 살펴보았다. 두 번째 논고는 가야와 신라 권역에서 새롭게 확인된 마주의 구조 분석을 통해 그 의미를 찾았다. 특히 가야권역 출토 일부 마주에서 확인되는 특징을 통해 마주의 계통은 중국 동북지방에 둘 수 있지만 가야 자체로 고유의 마주를 제작했을 가능성을 제기하였다. 첫 번째와 두 번째 논고가 고고자료를 충실히 검토하여 그 특징을 살펴보았다

면 세 번째 논고는 시야를 좀 더 넓혀 4~6세기 동아시아를 유행처럼 휩
쓴 중장기병 문화가 고구려를 거쳐 한반도 남부에 전파되었을 당시 상황
을 살펴보았다. 네 번째 논고는 말갑옷의 최신 자료 소개와 더불어 새로
운 연구기법을 시도한 사례를 소개하고자 하였다. 그 대상은 일본 후나바
루고분 출토 마주로 일본열도와 한반도의 교류 관계를 잘 보여주는 자료
이다. 3차원 계측을 통해 얻은 데이터는 마주의 구조와 제작기법을 정확
하게 표현하여 향후 관련 연구를 기대하게 한다. 이 외에도 김해박물관과
함안군이 공동으로 추진한 「함안 마갑총 말갑옷 제작기술 복원 연구」 관
련 자료도 수록하였다. 이 연구는 국립김해박물관과 함안군이 올해부터 2
년간 공동으로 진행하는 학술 연구의 중간성과 보고이다. 이 연구 결과를
바탕으로 금년 말갑옷 실물을 제작하고 복원 실험도 진행하고 있다.

무엇보다 가야사에서 전사 연구는 당대 전쟁사 연구에 국한되지 않
고 가야 사회를 폭넓게 이해하는 중요한 통로이다. 이번 학술총서로 중장
기병과 관련된 모든 것을 다룰 수는 없었다. 다만 그동안 관심이 부족했
던 이 분야에 새로운 활력과 관심을 불러일으키는 계기가 되었으리라 생
각된다. 향후 관련 연구가 축적되어 가야 전사의 실체에 좀 더 접근하기
를 희망한다. (김혁중)